KB236393

세무조사대비 체크포인트

박영진

한국재정경제연구소

머 리 말

개인이든 기업이든 또한 동서고금을 막론하고 세금문제의 중요성은 두 말할 필요가 없으며 이 문제의 대처방법에 대해서는 모든 경제주체의 최대의 관심사이기도 하다. 더욱이 현대의 경제환경과 활동이 보다 다양해지고 복잡해지면서 각 분야가 세분화되고 전문화되어 가고 있다. 이에 따라 과세관청의 세무조사업무 또한 업종별, 분야별로 조직화되고 전문화되어 가는 추세에 있다. 과거의 한 때는 세무조사라는 말만으로도 납세자들의 두려움의 대상이 된 적이 있었고, 조세행정의 합리화와 선진화가 혁신적으로 진행된 최근에 있어서도 납세자에게는 세무조사가 수용하기 불편하고 거북한 대상임에는 틀림없다.

필자는 최근까지 30년 이상을 국세청의 각 분야에 근무하면서 체득한 경험을 바탕으로 이 책을 출간하면서 납세자들이 세무조사에 대한 사전예방책을 강구하고 세무조사에 대한 실무적인 대처능력을 향상시키는 길잡이가 되었으면 하는 바램으로 준비하였다.

이 책을 통하여 모든 조사에 대한 예방이 완벽하게 이루어지는 것은 아니겠지만 납세자들이 쉽게 범할 수 있는 오류 및 조사자들의 입장에서 보는 중요사항에 대해 계정과목별로 기술함으로써 사전에 세무조사를 대비하는데 초점을 맞추었다.

아직 부족하고 미흡한 점에 대한 독자들의 아낌없는 관심과 질책을 기대하며 보다 나은 내용의 제공과 보완을 위하여 끊임없는 노력을 계속할 것이다.

끝으로 이 책이 나오기까지 아낌없는 수고와 성원을 보내주신 전·현직 선배·동료 및 후배 여러분과 비전세무회계의 직원들 그리고 한국재정경제연구소 임직원 여러분들께 깊은 감사의 말을 전한다.

저자 박영진

차 례

제1장　세무조사의 원칙

제4장 대차대조표 항목의 조사

제5장 손익계산서 항목의 조사

제6장 권리구제제도

제1장

세무조사의 원칙

Ⅰ. 세무조사의 의미

　"세무조사"라 함은 과세 객체인 거래금액이나 소득금액 또는 자산의 가액을 정확하게 파악하기 위하여 조사공무원이 납세자 또는 당해 납세자와 거래가 있다고 인정되는 자 등을 상대로 질문을 하거나 장부·서류·기타 물건을 검사, 조사 또는 확인하는 행위를 말한다.

2. 세무조사의 목적

세무조사의 목적은 각 서법에 규정하는 과세요건의 성립여부 및 납세자의 신고내용 적정성 등을 검증하여 탈루된 소득을 적출·과세함으로써 공평과세를 실현하고 납세자의 성실신고를 담보하며, 조세에 관한 법률 위반행위에 대하여 조세범 처벌법을 적용해 벌금 통고 또는 고발 등의 처벌을 함으로써 납세질서를 확립하기 위함이다.

3. 세무조사의 조사대상선정

　세무조사 대상자는 정기선정기준과 수시선정기준에 의해 선정된다.

　정기선정기준은 신고성실도 전산평가결과와 서면분석 및 세원관리 내용에 의하여 국세청장이 선정한다.

　수시선정기준은 고의적인 소득조절 등 불성실신고혐의 사업자 또는 불건전한 경제행위와 관련하여 세금탈루혐의가 있는 사업자를 대상으로 국세청장이 선정한다.

4. 세무조사의 기본원칙

세무조사는 다음 각 항에 따라 성실하게 수행된다.

납세자 권익보호의 원칙

세무조사를 수행함에 있어서는 법률이 정한 납세자의 권리와 편익을 최대 보장하여야 한다.

신의성실의 원칙

세무조사를 수행함에 있어서는 신의를 존중하고 성실하게 집행하여야 하며, 특히 납세자에게 이미 공시된 사항에 반하는 처분을 하여서는 아니된다.

실질과세의 원칙

세무조사를 수행함에 있어서는 명칭이나 형식에 불구하고 실질내용과 사실상의 귀속자를 규명하여 실질과세원칙에 따라 과세하여야 한다.

근거과세의 원칙

세무조사와 과세는 원칙적으로 납세자가 비치·기장한 장부와 증빙자료에 의하여야 하며, 조사내용이 납세자의 기장내용과 다른 경우에는 객관적인 증거에 의하여야 하고 이를 납세자에게 설명하고 열람할 수 있도록 하여야 한다.

조사비례의 원칙

세무조사는 세무조사 목적달성에 필요한 최소한의 범위 안에서 실시하여야 한다.

5. 세무조사의 절차

조사계획

↓

준비조사

↓

세무조사 사전통지

↓

본조사

↓

조사결과 통지 및 결정·경정

6. 세무조사의 예고와 연기

세무조사를 실시하는 경우에는 조사개시 7일 전에 "세무조사 사전통지서"를 납세자 또는 납세관리인에게 직접 교부하거나 등기우편으로 송달하여야 한다. 다만, 사전통지를 하면 증거인멸 등의 우려가 있어 조사목적을 달성할 수 없다고 인정되는 경우에는 관할관서장의 승인을 얻어 사전통지 없이 착수할 수 있다.

그러나 세무조사 대상자에게 다음에 해당하는 사유가 있는 경우에는 조사착수를 연기한다.

❶ 천재지변, 화재, 노사분규 등으로 사업상 심한 어려움이 있을 때

❷ 납세자의 질병, 장기출장 등으로 세무조사가 곤란하다고 판
단될 때

❸ 권한있는 기관에 장부, 증빙서류가 압수 또는 영치된 때

❹ 기타 통합조사 실시 등 부득이한 사유가 있어 조사착수를
연기할 필요가 있다고 판단될 때

7. 세무조사의 상담

조사상담관실의 설치

세무조사를 받는 납세자의 입장에서 납세자의 애로, 불편, 문의 사항에 대한 상담 등을 전담하는 곳으로 국세청에서 조사상담실을 설치하여 운영한다.

조사상담관실의 운영 목적

조사집행조직과 조사상담관실이 서로 견제와 균형을 이루어 세무조사가 세법에 따라 공정·투명하게 이루어지고 청탁이 없는 깨끗한 조사환경조성을 위한 예방적 기능을 수행하기 위함이다.

🔲 조사상담관실의 업무내용

❶ 세무조사의 사전통지부터 종결까지의 조사절차의 전반을 관리하여 세법에 정해진 납세자의 권리를 보장한다.

- 세무조사의 사전통지, 조사연기·조사장소변경 등의 신청 및 접수·처리
- 중복조사 해당여부 검토 및 확인시 즉시 조사철회 등 조치
- 조사집행조직에서 조사기간 연장, 조사범위 확대시 승인·통제
- 조사과정에서 과도한 자료요구 등 납세자 불만사항 상담·시정 및 세무조사 관련 애로·문의에 대한 상담

❷ 조사진행상황을 모니터링하여 납세자의 불편·불만사항을 적극 찾아 해소하며, 조사시 전문가의 조력을 받을 권리를 철저히 보장한다.

❸ 조사진행과정 또는 종결과정에서 조사공무원 또는 해당 조사과장이 심의를 요구한 주요과세쟁점에 대하여 「과세쟁점 심의위원회」에 회부하여 주요 과세쟁점을 공론화하고 민주적인 토의과정을 거침으로써 과세에 신중을 기하는 한편 부당한 청탁이나 지시를 제도적으로 배격한다.

소득처분의 조사

I. 소득처분의 의의

소득의 처분이란 법인세 과세표준의 신고시 세무조정을 하거나 법인세 과세표준을 결정 또는 경정함에 있어서 익금에 산입한 금액을 상여, 배당, 기타소득, 기타사외유출 및 유보로 확정하는 것을 말한다.

2. 소득처분의 대상

☑ 세무조정신고 또는 실지조사결정(경정)의 경우

세무조정신고 또는 실지조사를 하는 경우에 소득처분의 대상이 되는 금액은 "익금에 산입한 금액"이다.

☑ 추계조사결정의 경우

추계조사결정(경정)의 경우 소득처분의 대상이 되는 금액은 결정과세표준에서 대차대조표상의 순이익을 공제한 금액으로 하는 것으로 실지조사결정의 경우와는 다르다.

3. 소득처분의 종류

세무조정신고(실지조사)의 경우

세무조정신고를 하는 경우에 이루어지는 소득처분의 종류는 다음과 같다.

① 유보

익금산입 또는 손금불산입으로 생긴, 익금에 가산한 금액이 그 법인에 잔류하고 있는 경우이며, 이것은 다음 사업연도 이후 손금 또는 이월익금으로 처리될 금액을 말한다.

② 상여

세무계산상 익금에 산입한 금액이 임원이나 사용인에게 귀속된 것이 분명하다고 인정되는 경우로 배당이 아닌 것을 말한다.

③ 배당

세무계산상 익금에 산입한 금액이 출자자(임원 또는 사용인인 출자자 제외)에게 귀속된 것이 분명하다고 인정된 경우이다.

④ 기타 사외유출

귀속자가 법인이거나 사업을 영위하는 개인(사업소득을 구성하는 경우에 한정)인 경우를 말한다.

⑤ 기타소득

귀속자가 ①~④ 이외의 자에게 귀속되었다고 인정되는 경우를 말한다.

추계결정 또는 경정의 경우

법인의 소득을 추계결정 또는 경정할 경우에는 각 사업연도의 소득과 대차대조표상의 당기순이익과의 차액의 발생원인을 알 수 없으므로 실지조사의 경우와 같이 처분할 수 없으며 다음과 같이 소득처분한다.

① 대표자 상여

각 사업연도의 소득과 대차대조표상의 당기순이익과의 차액(법인세상당액을 공제하지 아니한 금액)은 대표자의 상여로 처분한다.

② 기타사외유출

천재·지변 등 불가항력으로 장부 등이 멸실되어 다른 법인과 권형을 맞추어 과세표준을 결정한 경우에는 기타사외유출로 처분한다.

세무조사의 종류와 조사내용

I. 법인세의 조사

☑ 법인세조사의 의의

법인의 납세의무에 관하여 세법이 규정한 대로 과세표준과 세액을 정확히 계산하여 조세 채권·채무를 명확히 하는 절차로서 세무공무원이 법인을 상대로 질문하거나 장부·서류 등을 검사·조사·확인하는 행위를 말한다.

☑ 법인세의 준비조사

법인세 조사를 실시하기어 앞서 조사대상 법인에 대하여 실지

조사를 효율적으로 수행하기 위한 심증과 조사자료의 확보, 중점 조사사항의 파악 등을 위한 증거를 수집한다.

준비조사수행시 검토할 내용은 다음과 같다.

❶ 기본적 신고상황

❷ 법인세 과세표준 및 세액계산 내용

❸ 세무조정 부속명세서

❹ 재무제표 및 부속명세서

❺ 자본금 증감사항 및 주요 주주 주식변동 상황

❻ 기 정정된 각종 경정 결의서 및 과세자료

❼ 기업 과세정보자료

법인세의 실지조사

조사공무원이 당해 납세의무자의 사업장 등 현장에 임하여 준비조사과정에서 얻은 중점조사사항 등을 장부나 증빙서류에 의하여 조사·확인함으로써 허위나 오류를 적출하여 정확한 과세표준 및 세액을 결정한다.

실지조사를 위하여 다음의 내용을 검토하여야 한다.

❶ 작성된 대차대조표가 법인의 실지 자산과 부채를 정확하게

반영하고 있는지 여부

❷ 작성된 손익계산서가 법인의 손익을 정확하게 반영하고 있는지 여부

❸ 국제거래가 있는 내국법인 또는 국내사업장이 있는 외국법인의 이전가격이 적정하게 결정되었는지 여부

❹ 준비조사시 파악된 업계동향, 업계관행, 당해 법인의 유통과정 등과 당해법인의 회계처리내용과 정밀 분석하여 모순점이 있는지 여부

❺ 내부통제제도를 분석 검토하여 내부통제의 문제점이 있는지 여부

2. 소득세의 조사

☑ 소득세조사의 의의

개인과 법인이라는 인격의 차이와 통상 개인이 법인에 비하여 규모가 작다는 것이다. 그리고 소득원천설에 따라 과세소득을 열거하는 「소득세법」상의 특성에 따라 과세체계가 다르다는 점에서 법인세의 세무조사와 차이가 발생한다. 그러나 사업소득과 부동산임대소득에 대한 세무조사는 법인세의 세무조사와 유사하게 이루어진다.

소득세의 준비조사

소득세 실지조사 착수 전 당해 업체에 대한 조사에 활용할 정보를 얻기 위한 사전검토로서 신고성실도 전산(수동)분석, 신고서 및 재무제표, 과세자료 및 세원 정보자료 등의 수집과 납세자의 소비수준 및 재산상황 등 분석을 통하여 세부적인 조사방향을 설정한다.

준비조사과정에서 검토할 내용은 다음과 같다.

❶ 개업연월일, 휴·폐업 여부

❷ 현재 영업·종목 및 변동상황

❸ 현재 사업주 및 변동상황

❹ 신고서 및 제 첨부서류

❺ 전기 결정결의서

❻ 신고성실도 전산분석 및 수동분석 자료

❼ 신고서 및 수집자료의 비교분석을 통해 재무제표 계정과목별 계수의 진위여부

소득세의 실지조사

조사공무원이 당해 납세의무자의 사업장 등 현장에 임하여 준

비조사과정에서 얻은 중점조사사항 등을 장부나 증빙서류에 의하여 조사확인함으로써 허위나 오류를 적출하여 정확한 과세표준 및 세액을 결정한다.

실지조사시 검토할 내용은 다음과 같다.

세목별 검토

소득세는 인별종합과세되므로 납세자 개인이 부담해야 할 각종 조세(사업관련 부가가치세, 소득세, 양도소득세, 증여세 등)에 대하여 종합적으로 검토한다.

- 비치된 장부
- 증빙서류의 비치상태
- 은행거래상황
- 자산실태, 손익 및 제조원가

3. 양도소득세의 조사

양도소득세조사의 의의

양도소득이란 개인이 당해연도에 일정한 자산을 양도함으로 인하여 얻는 소득으로써 사업적으로 행해지는 부동산 등의 판매로 인하여 발생하는 소득과 구분 되어진다. 이러한 양도소득은 자본이득에 속하며 과세표준의 산정방법이 일반적인 개인소득의 산정방법과 상이하므로 세무조사 또한 상이하다.

📋 양도소득세의 준비조사

준비조사시 검토할 내용은 다음과 같다.

❶ 기본적 신고사항

❷ 양도소득세 과세표준 및 세액계산내용

❸ 부동산 거래자료

❹ 부동산 거래횟수 및 규모분석

❺ 거래관련자와의 관계

❻ 신고한 취득가액과 양도가액이 객관적이고 합리적으로 인정
   될 수 있는지 여부

📋 양도소득세의 실지조사

① 양도소득세 실지거래가액 과세대상 부동산거래

- 고가주택에 해당하는 주택(6억원 초과)

- 1세대 3주택 이상인 자가 양도하는 주택

- 부동산을 취득할 수 있는 권리

- 미등기 양도자산

- 1년 이내 단기양도

- 투기지역에 소재하는 부동산을 양도
- 허위계약서 작성, 주민등록의 허위이전 등 부정한 방법으로 부동산을 취득 또는 양도하는 경우
- 납세자 본인이 실지거래가액으로 신고하는 경우

② **검토내용**

- 거래당시의 시가를 확인하여 신고한 가액이 객관성이 있는지 여부
- 거래상대방 확인 : 거래상대방(전·후 소유자)에 대하여 취득·양도경위, 대금의 지급수단 및 실지거래가액을 확인한다. 담합 등의 기회를 주지 말고 불시에 방문·면담하여 확인한다.
- 특수관계자간의 양도·양수 여부(부당행위계산부인)
- 거래당시 토지거래 신고·허가지역인 경우 관할관청에 제출한 신고서
- 금융거래 확인

양도소득세의 조사범위

양도소득세를 조사함에 있어서 일반조사, 정밀조사, 거래상대방으로 구분하여 조사범위를 설정한다.

① 일반조사

신고한 당해 부동산에 대한 거래사실 및 실지거래가액 확인조사로서 납세자, 거래상대방, 중개인을 대상으로 조사하며, 부동산 소재지 인근 중개업소, 주민 등을 통한 탐문 및 부동산거래대금의 금융거래내용을 확인한다.

② 정밀조사

납세자 및 그 가족의 최근 5년 내의 모든 부동산거래를 파악하여, 부과제척기간 내 모든 국세 탈루사항 및 법률위반사항이 있는지 조사한다.

③ 거래상대방(관련인)

당해 조사대상자의 직전·직후 소유자에 한하여 조사하되, 원칙적으로 당해 거래내용에 대해서만 조사가능하다. 탈루사실이 밝혀질 경우에는 별도조사대상자로 선정한 후 조사가능하다.

4. 부가가치세의 조사

부가가치세의 준비조사

조사대상업체의 부실혐의점 및 신고서 분석 등 간접조사방법으로 전반적인 사항에 대하여 검토하여 조사방향을 설정한다.
준비조사시 검토할 내용은 다음과 같다.

① 신고서 분석

- 과세분과 영세율 구분기재 여부 및 면세분의 정당성
- 영세율 첨부서류 등에 의하여 과세표준 적정여부
- 매입·매출처별세금계산서합계표 제출내용과 신고내용 일

치여부

- 거래시기, 과세표준 및 세액계산이 정확한지 여부

② 신고납부

- 신고기한 내에 신고 · 납부(환급)여부
- 가산세, 세액공제, 납부세액의 경감 등 적정여부
- 구비서류 제출 및 적정여부

③ 신고상황 누적분석

당해 과세기간으로부터 소급하여 매출 · 매입 · 납부(환급)세액 등 신고 상황을 분석한다.

④ 세금계산서합계표 분석

- 과세기간별로 주요 거래처별 매출 · 매입액 변동추세
- 매출처의 과세유형별 매출액 구성비 분석
- 당해 업소의 특성을 고려한 매출처 및 매입처 분석
- 거래회수는 적으면서 거래금액이 일정단위로 표시되는 거래 유무

- 창고 등 보관시설 보유상황에 비추어 과다한 다액거래여부
- 기말·연도말에 집중된 거래여부

▣ 부가가치세의 실지조사

실지조사시 검토할 내용은 다음과 같다.

① 사업장 확인

사업장의 범위, 사업장 규모, 보조사업장, 임시사업장 유무 및 주사업장의 총괄납부, 사업자 단위신고·납부의 적정성을 확인한다.

② 업종의 대사

부가가치세법상 과세대상인 재화나 용역의 거래 여부를 확인하여 사업의 구분의 적정성을 검토한다.

③ 종업원 현황

④ 전산처리 업무내용

5. 상속 · 증여세의 조사

상속 · 증여세의 준비조사

상속 · 증여세는 다음과 같은 절차에 의하여 준비조사가 수행된다.

❶ 상속개시자료, 토지자료, 이자, 배당자료를 수집한다.

❷ 신고된 재산내역과 상속개시전 재산내역과 상호대사한다.

❸ 고지예상세액과 상속인의 재산소유현황을 사전에 검토하여 조세채권 확보가능성을 파악한다.

❹ 사전압류 등 채권확보방안을 모색한다.

❺ 금융재산을 일괄조회한다.

상속 · 증여세의 실지조사

① 상속개시일

실제 사망일과 호적상 사망일을 다르게 신고함으로서 부당상속 공제를 받았는지 여부를 확인하기 위하여 피상속인의 사망진단서, 부고장, 비문 등으로 상속개시일을 확인한다.

② 부동산 상속의 조사

- 신고누락여부
- 평가의 적정성
  - 기준시가 적용의 적정여부
  - 감정평가에 의하여 신고한 경우 감정평가가액의 적정여부
  - 임대용 부동산에 대한 임대료 환산가액평가의 적정여부
  - 담보설정내용에 대하여는 채권금융기관에 조회

③ 비상장주식 상속의 조사

- 신고누락여부
- 평가의 적정성
- 최대주주로서 할증평가대상에 해당여부

④ 상장·코스닥상장 및 채권 상속의 조사

- 신고누락여부
- 평가의 적정성
  - 이자상당액이 상속재산에 적정하게 계산하여 포함되었는지 여부
  - 채권의 종류, 액면금액, 상환이자, 이자율 등을 파악

⑤ 사업용 자산 상속의 조사

피상속인이 개인사업을 영위하는 경우에 소득세신고서에 첨부된 재무제표 및 비치된 장부 등에 의하여 상속개시일 현재의 자산과 부채가액을 확인한다.

⑥ 자동차 상속의 조사

지방자치단체에 조회하여 자료를 수집하여 지방세과세표준액에 의하여 평가한다.

⑦ 퇴직급여 상속의 조사

근로소득 발생처에 조회하여 미수령 또는 과소수령한 퇴직급여

유무를 확인하고 상속재산에 해당하지 않는 유족연금 등의 해당
여부를 검토한다.

⑧ 보험금 상속의 조사

상속세 과세자료상에 나타난 보험계좌 및 금융자산 조회결과
보험가입한 사실이 나타나는 경우 해당 보험회사에 보험금 지급
내역을 조회하여 확인한다.

⑨ 신고누락 사례가 많은 자산 상속의 조사

다음에 해당하는 자산은 상속·증여재산에 포함한다.

• 차명예금 : 상속인 명의의 차명계좌로 관리하던 피상속인의
  예금

• 받을어음 : 개인사업자의 사업용자산 중 받을어음

  - 법인의 가수금 : 피상속인이 주주 및 출자임원 등인 경우
    에는 피상속인의 가수금

  - 상속개시 전 분산출금한 예금 : 피상속인이 금융재산을
    상속인 등에게 현금증여하고 신고누락한 자산

  - 명의신탁 후 처분재산 : 상속인의 예금계좌에 고액예금이
    입금된 경우에는 자금원천을 파악하여 피상속인이 타인명

의로 신탁한 재산이 처분되어 상속인 예금계좌에 입금되었는지를 확인한다.

처분재산가액의 계산

① 처분재산가액의 계산

재산종류별로 각각 처분금액이 사용처 규명대상금액 이상인지 여부를 판단한다.

[소명대상금액 기준]

- 1년 이내 처분 재산가액 : 재산종류별로 2억원 이상 5억원 미만
- 2년 이내 처분 재산가액 : 재산종류별로 5억원 이상

② 과세가액 산입대상금액

사용처 불분명금액 전액을 과세가액에 산입한다. 규명결과 사용처 불분명금액이 규명대상금액의 20%와 2억원 중 작은 금액에 해당될 경우 과세가액 산입액대상금액은 없는 것으로 본다.

고액자산 감소액의 사용처 조사

고액의 금융재산을 출금하였으나 피상속인의 계좌에 재입금된 사실이 객관적으로 나타나지 않은 경우 금융추적조사를 실시한다.

채무 등의 공제 적정성

① 임대보증금의 채무공제

상속재산에 포함된 부동산 등에 대한 임대보증금으로서 피상속인에게 반환의무가 있는 임대보증금은 전액을 피상속인의 채무로 공제한다.

② 사채의 채무공제

가공사채 공제여부를 확인한다.

③ 채무부담액의 사용처 조사

1년 또는 2년 내 채무 부담액, 기타 사채 등 부담채무의 금액을 파악하여 상속개시일 이전에 1년 또는 2년 내에 피 상속인이 채무

를 부담한 경우에는 규명대상에 포함한다. 예금 등 처분재산으로 변제한 사실이 입증되더라도 규명대상 기준금액에는 포함하여야 한다.

✅ 배우자상속공제의 적정여부검토

① 부동산

신고서상 배우자가 상속받은 재산으로 신고한 부동산이 배우자 명의로 등기되었는지 여부를 상속세 결정시 확인한다. 배우자 명의로 등기되지 아니한 경우 배우자상속공제를 배제한다.

② 예금 · 증권

- 은행예금 등을 배우자가 상속받은 것으로 신고한 경우 상속세 신고 후 동 예금을 출금하여 다른 상속인에게 입금되었는지 여부를 확인한다.
- 조사일까지 예금주 명의변경사항과 예금의 실질적인 관리자 및 이자 등의 수령자를 확인하여 배우자에게 실지 상속되었는지 여부를 확인한다.
- 증권계좌에 의하여 주식 등의 매도사항 및 계좌이체사항, 매도금액의 인출내용 등을 확인한다.

6. 주식변동의 조사

주식변동조사의 의의

주식변동조사는 기업의 자본형태를 표시하는 주식의 취득이나 양도로 인한 변동상황을 조사함과 아울러 그 주식의 취득에 소요된 자금의 출처와 변동의 사유가 상속 또는 증여에 해당하는가의 여부를 확인하는 조사이다.

주식변동조사의 절차

주식변동조사는 다음과 같은 절차를 통하여 수행된다.

❶ 세무서에 수집된 주식변동자료에 의하여 조사대상자를 선정한다.

❷ 조사대상법인에 출장하여 주식변동에 대한 증빙서류를 수집한다.

❸ 조사대상 주식을 평가한다.

❹ 주식양도가격의 정당성여부를 검토한다.

❺ 주식취득자의 자금출처를 조사한다.

☑ 주식취득자금의 출처조사

신설회사의 주식을 취득한 경우와 그 외의 주식을 취득함에 있어 소요한 자금의 출처를 조사한다. 주식의 거래가 유상거래인지, 무상거래인지, 친족 등 특수관계자로부터 증여받은 것인지에 대하여 조사한다.

주식취득자금 출처조사는 다음의 경우에 중점적으로 조사한다.

❶ 연소자·부녀자의 주식취득

❷ 직계존·비속 또는 배우자에게 주식을 양도한 경우

❸ 제3자와의 거래형식으로 우회하여 직계존·비속 또는 배우자에게 양도한 경우

주식위장분산의 조사

주식변동조사를 할 때 기업공개과정에서 주식취득에 대하여 위장공개여부를 파악하기 위하여 주주의 주식취득내용을 조사한다. 각종 세금을 회피하기 위하여 주식을 위장분산한 경우에는 증여세가 과세되기 때문이다.

주식위장분산의 조사는 다음과 같은 경우에 중점적으로 조사한다.

❶ 비상장법인이 상장 직전에 주식의 양도·양수 및 증자를 통하여 대량의 주식변동이 이루어진 경우

❷ 총발행주식수 및 출자지분에 비하여 일시에 많은 양의 주식 및 출자지분의 변동이 이루어진 경우

❸ 계획적으로 주식을 분산하기 위한 혐의를 포착한 경우

❹ 창업주의 주식은 증가하지 않으면서 그 2세나 부녀자의 지분이 증가하는 경우

주식평가와 거래금액의 조사

주식을 거래당사자가 정당한 방법으로 평가를 하고 그것을 기초로 하여 거래를 하였다면 그 거래가액이 바로 거래된 주식의

평가액이 된다.

그러나 그 거래당사자가 친족 등 특수관계에 있으면서 그 거래가액이 현저히 저가 또는 고가로 거래되었다면 주식변동조사를 받게 된다. 따라서 회사를 새로 설립하거나 증자시 신주인수권을 취득한 경우에도 거래당사자의 인적관계가 우선 조사대상이 된다.

주식평가와 거래금액의 조사는 다음의 경우에 중점적으로 조사한다.

❶ 특수관계자와의 주식매매로서 저가 또는 고가로 거래된 경우

❷ 부실법인과 합병한 경우

주식의 변칙거래와 위장거래조사

대주주가 자기지분의 주식을 제3자 명의로 하거나 생전에 주식을 친족에게 이전시키는 변칙 및 위장거래에 대한 조사이다. 주식의 변칙 및 위장거래조사는 다음의 경우에 중점적으로 조사한다.

❶ 증자율이 주주간에 서로 다르거나 신주인수권을 특정인이 계속 취득하는 경우

❷ 감자율이 주주간에 서로 다른 경우

❸ 불공정합병

❹ 증자시 특수관계 있는 주주의 실권으로 인한 지분율이 증가
한 경우

❺ 특수관계 있는 자로부터 전환사채를 취득하여 주식전환함으
로써 전환사채 취득가액과 교부받을 주식가액과의 차액이
발생하는 경우

❻ 특정법인의 주주 등과 특수관계 있는 자가 당해법인에게 재
산을 증여함으로써 당해 법인의 대주주에게 이익이 발생하
는 경우

❼ 신종사채의 인수·취득·양도 등으로 인하여 지배주주 등
과 특수관계자의 증여혐의가 있는 경우

7. 금융거래의 추적조사

금융거래의 실태

모든 세목별 조사, 조세범칙조사의 수단으로서 사용되는 금융 거래 추적조사는 거래 실태의 전모를 파악하는 핵심적인 사항이 다.

금융실명제 실시 이전에는 기업의 탈세 또는 비자금 조성과 부 정자금 은닉목적으로 가·차명계좌를 이용한 금융거래가 성행하 였고, 금융기관의 예금유치경쟁은 고객의 부당한 요구를 수용, 예 금주를 적극적으로 도와 자금추적을 불가능하게 했다. 금융실명 제하에서도 제도권 금융기관을 통한 변칙금융거래와 차명계좌를 통한 예금거래가 성행하고 있다.

금융조사의 법적근거

(금융실명거래 및 비밀보장에 관한 법률 §4①1호,2호)

① 금융거래의 비밀보장

금융기관에 종사하는 자가 명의인의 서면상 요구나 동의를 받지 아니하고 그 금융거래의 내용에 대한 정보 등을 타인에게 제공할 수 없고, 누구든지 금융기관에 종사하는 자에게 그 거래정보 등의 제공을 요구할 수 없다.

다만, 다음에 해당하는 경우로서 그 사용목적에 필요한 최소한의 범위 안에서 거래정보 등을 제공하거나 그 제공을 요구하는 경우에는 가능하다.

- 법원의 제출명령 또는 법관이 영장을 발부한 경우
- 조세에 관한 법률에 의하여 제출의무가 있는 과세자료 등의 제공과 소관관서의 장이 상속·증여재산의 확인, 조세탈루의 혐의를 인정할 만한 명백한 자료의 확인, 체납자의 재산조회 등의 사유로 조세에 관한 법률에 의한 질문·조사를 위하여 필요로 하는 경우

② 금융재산 일괄조회

국세청장은 상속세 또는 증여세를 결정·경정하기 위하여 조사할 때 금융기관의 장에게 직업·연령·재산상태·소득신고 상황 등으로 보아 상속세 또는 증여세의 탈루혐의가 인정되는 경우 피상속인 등의 금융재산에 관한 과세자료를 일괄하여 조회할 수 있다.

금융거래 추적조사방법

① 금융거래 추적 준비조사

- 추적할 통장을 영치, 확보
- 계좌번호가 기재된 비망기록, 수표번호가 기록된 장부 확보
- 금융거래 추적조사자료를 전혀 확보하지 못한 경우
  - 거래처 또는 부동산취득·양도사항을 역추적하여 관련계좌를 확보한다.
  - 양도소득세 등 세금납부한 자금을 추적하여 관련계좌를 확인한다.
  - 국세청전산실에서 분리과세이자소득 원천징수내역을 출력

하여 관련계좌를 확인한다.

- 금융관련 계정과목 등을 검토하여 거래은행과 지점 등을 확인한다.

추적조사

① 추적 전 혐의사항에 관한 조사

- 매출누락혐의가 있는 경우 : 매출처로부터 대표자 또는 관련인(경리 등) 계좌로 매출대금이 입금된다고 가정하여 예치한 통장 중에서 수입금액 입금통장이 있는지 확인하고, 필요한 경우 혐의 거래처의 출금조사를 병행한다.

- 가공경비계상의 혐의가 있는 경우 : 회사지출분 중에서 대표자 또는 관련인 계좌로 입금된다고 가정하여 회사에서 거래처에 지출된 비용 중 혐의있는 거래처의 거액자금을 추적한다.

- 기업주 비자금 혐의가 있는 경우 : 회사에서 정상적으로 지급된 자금 중에서 일부가 기업주의 비자금 관리계좌로 들어갔다고 가정하여 기업주에게 지출된 가지급금, 배당금 등을 추적하여 은닉계좌를 추적한다.

③ 입금내역을 확인하기 위한 조사

- 현금으로 입금된 경우 : 사실상 현금인 경우 입금원천을 찾기는 거의 불가능하나, 고액일 경우 변칙처리에 혐의를 두고 정밀검사를 한다. 현금으로 변칙처리하는 경우 대부분 가명 또는 차명계좌를 통하여 이루어지므로 실제 입금수단을 확인한다.

- 자기점포 수표인 경우 : 보관된 수표실물과 대응하는 출금전표 또는 대체전표 등을 찾아 관련계좌를 확인한 후 인적사항 및 계좌원장을 출력한다.

- 타점권인 경우 : 마이크로필름에 의하여 발행은행, 발행일자, 수표번호, 액면, 배서사항 등을 확인하고 수표발행은행에서 수표실물과 수표발행의뢰서를 조사한다.

④ 출금내역을 확인하기 위한 조사

- 출금을 현금으로 처리한 경우 : 사실상 현금으로 출금된 경우 출금내역조사는 거의 불가능하나, 고액일 경우 수표로 출금되었다고 보고 정밀조사를 한다. 동일자의 입금전표, 자기앞수표 발행의뢰서 등을 검색하여 지급수단을 확인한다.

- 자기앞수표를 발행한 경우 : 전표철에서 자기앞수표 발행의

뢰서를 찾아 수표번호, 액면금액을 발췌하고 수표발행대장,
전산기록을 조회하여 수표교환은행, 교환일자 등을 확인한
다.

⑤ 비밀계좌의 색출(가명, 차명)

기업 및 음성·탈루 소득자 등은 조세탈루 및 비자금조성 목적
으로 가명 및 차명 계좌를 개설하여 탈루소득 및 비자금을 은폐
하고 있다.

⑥ 가명 및 차명계좌 색출방법

- 조사대상자 및 그 가족의 부동산 취득, 양도와 관련한 금융
  의 흐름추적 및 실명거래통장의 입·출금 내용추적
- 가수금 또는 가지급금의 흐름조사
- 개인 재산제세의 지급원천조사
- 명의위장주주의 배당금 등 입금계좌조사
- 회사장부상의 은행거래내용과 예금통장 원장상의 거래내역
  을 비교분석
- 건설회사에서 원거리 현장에 온라인으로 송금된 금액과 전
  도금 처리금액과의 차액에 대한 출금조사

- 수표교환일의 전표철에서 수표실물을 확인하여 교환은행과 이서사항 등을 확인

- 교환은행에 가서 입금계좌가 확인되면 인적사항 및 원장 출력의뢰

- 타계정 대체(보통, 당좌, 저축예금, 금전신탁 등)인 경우 : 대체전표의 상대계정을 추적 관련계좌 확인 후 인적사항 및 계좌원장을 출력한다.

⑦ 은행의 현금시재액 대사

고액현금 입출금으로 변칙처리한 혐의가 있으나 전표 및 마이크로 필름 등을 대사하여도 관련혐의를 발견하지 못한 경우에는 현금시재액을 검토하고 본·지점 거래내역을 조사한다.

8. 부당행위계산부인의 조사

부당행위계산의 의의

법인이 그 법인과 특수관계에 있는 자와의 거래에 있어 법인의 행위 또는 소득금액의 계산이 그 법인의 소득에 대한 조세의 부담을 부당히 감소시키는 경우 그 행위 또는 소득계산을 부당행위계산이라 한다. 이 경우에 그 법인의 행위 또는 소득금액계산에도 불구하고 세법이 인정하는 바에 따라 그 법인의 각 사업연도의 소득금액을 계산한다.

부당행위계산의 부인은 민·상법 등 사법상의 적법 유효한 행위 또는 계산을 전제로 하여 세법적인 평가를 하는 것이므로 이는 부정계산이나 허위 기장행위를 세무계산에서 부인하는 것과는 그 성질을 달리한다.

부당행위계산부인의 적용조건

부당행위계산의 부정규정은 법인의 행위가 다음의 두 가지 요건에 모두 해당하는 경우에만 적용된다.

① 특수관계자와의 거래여야만 한다

특수관계자란 당해 법인의 주주, 임원 및 사용인, 경영에 사실상 영향력을 행사하고 있다고 인정되는 자, 출자관계에 있는 법인 등을 말한다.

② 조세부담을 부당히 감소시킨 것으로 인정되어야 한다

법인이 행한 민·상법 등 세법상의 행위 또는 계산이 정상적인 사인간의 거래, 건전한 사회통념 내지 상관행에 비추어 부당하여야 하고, 이러한 법인의 부당한 행위 또는 계산이 있었더라도 조세부담을 감소시킨 결과가 없다면 부인대상이 되지 않는다.

법인의 부당행위계산이 있는 것으로 밝혀진 경우에는 그 행위계산을 부인하여 익금산입, 손금불산입, 손금산입, 익금불산입을 하고 그 귀속에 따라 소득처분한다.

③ 행위계산 당시 거래 상대방이 당해 법인과의 특수 관계자에
해당여부 조사

☑ 조사자료 체크

- 출자자, 임원, 출자자의 사용인, 관계회사, 관계회사의 임원
  및 출자자 등의 인적사항
- 행위계산 당시 거래상대방의 인적사항을 확인할 수 있는 등
  기부등본, 계약서

▉ 중점조사 포인트

주주명부, 임원 명부, 관계회사 주주 및 임원 명부 등 제출된
서류에 의하여 특수관계자 여부를 검토한다.

④ 현물출자가 있는 경우 시가를 초과하는 가액으로 현물출자하
거나 그 자산을 과대 상각한 것이 있는지 조사

☑ 조사자료 체크

현물출자약정서, 감정평가서, 기타 시가를 확인할 수 있는 서류

▉ 중점조사 포인트

법인이 시가를 초과하는 가액으로 현물출자를 받거나 그 자산을
과대상각할 때에는 부당행위로 간주하여 그 계산을 부인하게 된다.

⑤ 무수익자산을 출자받거나 그 자산에 대한 비용을 부담한 것이 있는지 조사

✔ 조사자료 체크

- 매매계약서, 감정평가서, 기타 시가를 확인할 수 있는 서류
- 자산대장, 용도, 실제사용 확인가능서류
- 전력비, 수도광열비, 수선비 관련영수증

▮▮▮ 중점조사 포인트

법인이 현물출자를 받은 경우 자산대장, 용도, 구입품의서 및 현지출장확인에 의하여 실제 사용여부를 파악하여 무수익자산을 출자 받았거나 그 자산에 대한 비용을 부담하는 것이 있는 경우는 부당행위로 간주하여 그 행위계산을 부인한다.

⑥ 출자자 등에게 무수익자산을 매입하거나 비용을 부담한 것이 있는지 조사

✔ 조사자료 체크

- 계약서, 감정평가서
- 자산대장, 용도 및 사용 계획서, 품의서, 기타 시가확인 가능한 서류
- 전력비, 수도광열비, 수선비 관련 영수증

▐▐▐ 중점조사 포인트

보유자산대장과 구입품의서 및 현지출장의 방법으로 실제 사용

여부를 파악하여 무수익자산에 해당하는 경우에는 매입대금 및

관련 부대비용을 부당행위계산부인한다.

**⑦ 출자자 등과의 거래에 있어서 자산을 고가매입하거나 저가 양
도한 것이 있는지 조사**

☑ 조사자료 체크

- 투자유가증권, 관계회사주식 및 출자금, 관계회사사채 등에
  대한 계약서, 대금수수서류, 감정평가서, 주식평가조서, 기
  타 시가확인 가능서류

- 고정자산 취득품의서, 계약서, 대금지급결의서, 감정평가서,
  기타 시가확인가능서류

- 신주인수권포기 및 저가 양도에 따른 주식평가조서, 주식시
  세표

- 영업권 취득시 영업권평가조서, 관련회사 재무제표

▐▐▐ 중점조사 포인트

투자유가증권, 관계회사주식 및 출자금, 관계회사 사채 등의

입·출고 내용을 파악하여 매입·양도시 시가와 장부가액 등을

비교하고 거래상대방의 특수관계자 여부를 검토한다.

또한 고정자산 취득과 양도에 있어서도 특수관계자와의 거래에 있어서는 등기부등본가계약서 및 인근토지의 매매실례가 등을 파악하여 부당행위계산부인여부를 검토한다. 투자유가증권 및 관계회사주식 등은 피투자회사의 자본의 증감이 있는 경우 신주인수권의 행사여부를 확인한다.

⑧ 출자자 등에게 불량자산을 차환하거나 불량채권을 양수한 것이 있는지 조사

조사자료 체크

- 투자유가증권, 관계회사주식 및 출자금, 관계회사사채 등에 대한 계약서, 감정평가서, 시세표, 평가조서
- 고정자산 취득품의서, 계약서, 사용계획서, 기타 사용확인가능서류
- 외상매출금, 미수금의 매출처명단, 상품수불부

중점조사 포인트

외상매출금, 미수금에 대한 매출처명단과 상품수불부 등을 상호대사하여 계속 거래처가 아니고 1~2회만 거래한 업체 등에 대하여 불량채권 양수혐의에 대하여 면밀히 검토한다.

투자유가증권, 관계회사주식, 사채, 건물, 기계장치 등 불량자산 혐의가 있는 자산의 증감에 대하여 출자자 등과 차환거래가 있었는지 검토한다.

⑨ 출자자 등이 부담하여야 할 출연금을 대신 부담하였는지 여부 조사

☑ 조사자료 체크

정관 창립총회 회의록, 대금지급관련서류, 취득세 납부영수증

▌▌▌ 중점조사 포인트

- 발기인이 부담할 창업비용을 법인이 부담한 것이 있는가 여부를 정관, 창립총회 회의록 등을 통하여 검토한다.

- 법인의 주주가 과점주주가 된 때에는 그 과점주주는 당해 법인의 부동산을 취득한 것으로 의제하여 그 법인의 부동산 등을 과세표준으로 하여 취득세를 부과하므로, 취득세 납부영수증을 확인하여 과점주주가 납부하여야 할 것인지의 여부를 검토한다.

- 검토결과 법인이 특수관계자 등의 출연금을 부담한 때에는 부당행위계산부인대상이 된다.

⑩ 출자자 등에게 금전, 기타자산, 용역을 무상, 저율로 대부 또는 제공한 것이 있는지 조사

✔ 조사자료 체크

- 선급금을 위장하여 무상대여 : 거래처별 원장, 계약서, 관련 상품수불부, 대금지급결의서
- 대여금, 가지급금 : 약정서, 대금수수서류, 차입금명세서(이자율 확인)
- 기타자산 : 자산대장, 용도, 취득시 사용계획서, 대부(사용) 계약서
- 부동산 등 : 입주자 명단, 임대차 계약서, 임대내역서(평당임대가액 등 확인)

▮▮▮ 중점조사 포인트

- 선급금 : 법인이 특수관계자에게 선급금으로 위장하여 금전을 무상 대여한 것이 있는가를 거래처별원장, 계약서, 수불부, 자산취득대장 등과 연결하여 조사한다.
- 대여금, 가지급금 : 법인이 특수관계자에게 적정이자율을 수수하고 대여하였는지를 약정서, 금전수수서류, 차입금 및 이자명세를 파악하고 조사한다.
- 부동산 등 기타 자산 : 자산대장, 사용계획서, 임대(사용)계

약서, 임대내역서 등과 비교하여 무상 또는 저율로 임대하였는지를 조사한다.

- 그 결과 출자자 등에게 금전, 기타 자산 또는 용역을 무상 또는 낮은 이율, 요율이나 임대료로 대부 또는 제공한 때에는 부당행위계산부인의 대상이 된다.

⑪ **법원의 출연자나 출자자인 임원 및 그 친족에게 사택을 적정 임대료에 미달 되는 금액으로 제공한 것이 있는지 조사**

✔ 조사자료 체크

사택사용자 인적사항, 계약서

▌▌▌ 중점조사 포인트

사택을 소유한 법인이 출자자나 출연자인 임원 또는 그 친족에게 사택을 제공한 것이 있는가를 확인하고, 수수한 임대료와 시가를 비교하여 시가에 미달하는 금액으로 임대한 경우에는 부당행위계산부인의 대상이 된다.

⑫ 출자자 등으로부터 금전, 기타자산, 용역을 높은 이율, 요율로 차용 또는 제공받은 것이 있는가 조사

✔ 조사자료 체크

- 차입금, 지급어음, 관계회사차입금, 지급이자, 지급임차료 등에 대한 계약서, 대금수수료
- 임차자산의 전체임대내역(호수, 임대평수, 평당임대가격)

▮▮▮ 중점조사 포인트

차입금, 지급어음, 관계회사차입금, 지급이자, 지급임차료 등에 대한 계약서, 대금 수수료 등을 검토하여 통상이율보다 높은 이자율을 부담하였는지 조사한다.

그러나 특수관계있는 법인 또는 사업을 영위하는 개인에게 금전을 대여한 경우 상환기간을 정하고 당좌대월이자율로 이자를 수수하기로 약정한 때에는 이를 그대로 인정하도록 하고 있다.

⑬ 상기 사항 이외 출자자 등에게 법인이 이익을 분여하였다고 인정하는 것이 있는지 조사

✔ 조사자료 체크

- 근속 중인 사용인, 연임된 임원에게 퇴직금지급시 : 퇴직금지급조서, 급여대장

- 지불보증채무의 대위변제 : 구상권 행사 관련서류, 재산조사 보고서

- 소유주식불균등감자로 인한 이익분여 : 관계회사 주식이동 상황명세서, 관계회사 주주총회의사록

■■■ 중점조사 포인트

- 퇴직금여충당금, 퇴직금 계정 및 급여대장을 종합적으로 분석하여 근속중인 사용인이나 연임된 임원에게 퇴직금 지급 여부를 조사한다.

- 특수관계에 대한 지불보증채무의 대위변제에 대하여 영업외비용, 특별손실계정을 검토하여 대위변제한 것이 있는가를 조사한다.

- 특수관계자에 대한 채권 대손에 대하여서는 대손관련품의서 및 재산조사관련서류 등을 검토하여 채권을 포기하여 대손하였는가를 조사한다.

- 소유주식(관계회사주식 등) 발행회사의 주식이동 및 주가를 파악하여 불균등감자로 인하여 특수관계있는 다른 주주에게 그 이익을 분여한 것이 있는가를 조사한다.

대차대조표 항목의 조사

I. 당좌자산의 조사

현금의 조사

현금이라 함은 통화 뿐만 아니라, 타인발행 당좌수표, 은행의 자기앞수표 등 통화와 동일한 직능을 가진 통화대용증권과 외화를 포함한다. 현금거래는 소액거래와 비용지출이 많아 실지조사시 소홀히 취급할 것이라고 생각하기 쉬우나 현금은 유동성이 높고 거래횟수가 많으며 거라의 추적이 곤란하여 허위거래나 회계부정의 수단으로 활용하는 경향이 많아 조사공무원측에서는 조사의 중요성을 크게 생각한다.

① 현금기록

☑ 조사자료 체크

현금영수증, 전표, 계약서, 예금통장, 당좌예금출납장 등 거래관련 증빙

▮▮ 중점조사 포인트

- 입출금전표 작성과 현금출납부 기록이 매일 이루어지는지 여부
- 입금 및 출금에 대한 증빙과 전표의 거래내용, 금액, 상대계정의 일자 등이 일치하는지 여부
- 현금출납의 내역 중 연필로 기록된 부분의 유무

② 현금잔액

현금시재액에 대하여 실사를 수행한 후 현금시재표, 월별·분기별 시산표 등과 대사하여 현금잔액의 과·부족을 파악한다.

③ 영수증 등과 현금지출내역

☑ 조사자료 체크

현금영수증, 전표, 거래증빙 등

IIII 중점조사 포인트

현금영수증, 이중영수증, 영수증금액정정 등의 존재여부를 확인하여 가공지출의 존재를 파악한다.

✔ 예금의 조사

예금에 대하여는 추적이 가능하고 통장의 입금원이 주로 매출과 관련되며 출금과 관련하여서도 법인자금의 유용문제와 연관되어 있으므로 조사당국의 입장에서는 예금조사에 가장 많은 시간을 할애한다.

중점조사사항은 다음과 같다.

① 예금잔액

✔ 조사자료 체크

예금거래실적표, 거래원장, 각종 예금통장 및 관련서류

IIII 중점조사 포인트

- 장부상 예금액과 은행잔액증명에 의한 잔액을 상호대사하여 일치여부를 확인한다.
- 기중에 통장의 입·출내역에 대하여 장부에 정확히 기록되었는지 확인한다.

② 예금이자검토

신고한 예금이자에 대응되는 예금의 기장여부 및 장부에 기록되어 있는 예금에 대한 이자수익의 계상누락여부를 확인한다. 또한 예금이자의 수익귀속시기가 세법규정에 맞는지 검토한다.

외상매출금의 조사

외상매출금은 일반적인 상거래에서 발생한 영업상의 미수금을 처리하는 계정으로 제조, 판매업뿐만 아니라 건설업, 서비스업의 영업상 미수금도 포함한다.

중점조사사항은 다음과 같다.

① 외상매출금의 잔액

조사자료 체크

매출전표, 매출처원장 등 보조부와 총계정원장

중점조사 포인트

매출처별 외상매출금 관리기록을 근거로 "거래처별 외상매출금 명세서"를 작성하여 외상매출금에 대한 발생 및 회수에 대한 회계장부상 기록과 대사한다.

② 외상매출금의 유용여부

거래처별 외상매출내역명세서 및 자금결제내역서를 상호대사하여 외상매출금을 임·직원이 수금하여 유용한 사실의 유무를 검토한다.

③ 관계회사 외상매출금의 결재기일

법인과 특수관계가 있는 자에 대한 외상매출금이 정당한 사유 없이 상거래상 정상적인 결재기간에 회수되지 아니하고 장기간 방치되고 있는지 여부를 확인한다.

④ 외상매출금 잔액중 잔액 유무

특정거래처에 대한 외상매출금 잔액이 (-)인 경우에는 선수금 또는 매출누락금액의 입금인지 여부를 확인한다. 또한 세금계산서 수취를 기피하는 거래처에 대한 매출금액을 실물거래없이 세금계산서만 수취하길 원하는 거래처의 매출금액으로 위장하는 과정에서 (-)잔액이 발생하였는지 여부를 검토한다.

📑 받을어음의 조사

어음은 매입과 매출거래 등에서 고액이거나 고정거래처와의 거래에서 많이 발생되며, 어음거래의 다양성으로 인해 복잡한 거래가 많다.

중점조사사항은 다음과 같다.

① 받을어음 기입장의 내용과 장부상의 내용 일치여부

☑ 조사자료 체크

받을어음 기입장, 추심어음통장, 어음예치통장, 받을어음명세표

▥ 중점조사 포인트

받을어음 기입장을 근거로 받을어음 명세서를 작성하여 다음사항을 검토한다.

- 받을어음의 누락여부
- 받을어음의 가공계상여부
- 받을어음의 실지발행자와 장부상의 명의자 일치여부
- 융통어음을 받을어음으로 위장기록하였는지 여부

② 받을어음에 대한 할인료가 적법하게 회계처리 되었는지 여부

✔ 조사자료 체크

받을어음명세표, 받을어음기입장, 받을어음, 할인어음, 지급할인료계정

▥ 중점조사 포인트

- 지급할인료에 대응하는 받을어음 또는 할인어음이 실제로 존재하는지 여부를 받을어음기입장 등으로 확인한다.
- 받을어음을 개인사채업자로부터 할인한 경우에는 상대방의 주소, 성명, 주민등록번호 등 인적사항을 확인한다.
- 받을어음을 법인과의 특수관계자로부터 할인한 경우에는 할인이자율이 적정한지 여부를 확인한다.

③ 부도어음에 대한 채권회수금액의 회계처리가 적법한지 여부

부도어음에 대한 회사의 사후관리가 적절히 이루어지고 있는지 검토하고, 부도어음을 대손처리하지 않고 장부상에 계상하였는지 여부를 확인한다.

④ 융통어음을 진성어음으로 기장하였는지 여부

특정업체에 대하여 동일한 금액의 받을어음과 지급어음이 있는지 여부를 확인하고 존재하는 경우 이들이 융통어음인지 여부를 검토한다.

⑤ 특수관계자로 부터 받은 받을어음의 결재기일이 적정한지 여부

받을어음의 결재기일이 상거래상 정상적인 결재기일에 해당하는지 여부를 검토한다.

■ 기타의 당좌자산의 조사

기타의 당좌자산으로서 기간이 1년 이내에 도래하는 단기대여금, 일반적 상거래 이외에서 발생한 미수채권인 미수금과 미수수익 등이 있다.

중점조사사항은 다음과 같다.

① 결산서의 대여금잔액과 거래처 차입금잔액이 일치하는지 여부

✔ 조사자료 체크

대여금계정, 대여금에 대한 차용증서 등 금전소비대차 계약서

▌▌▌▌ 중점조사 포인트

결산서상의 대여금잔액과 거래처의 차입금잔액을 상호대사하여 차이가 발생하는지 여부를 검토한다.

② 대여금에 대응하는 수입이자와 수입이자에 대응하는 대여금이 정상적으로 계산되고 있는지 여부

✔ 조사자료 체크

수입이자계정 대여금에 대한 차용증서 등 금전소비대차 계약서

▌▌▌▌ 중점조사 포인트

계약서상의 금액, 기간, 이자율 등을 검토하여 수입이자가 기간별로 정확하게 계산되었는지 검토한다.

③ 어음의 대여, 기업어음의 할인, 매입

☑ 조사자료 체크

대여, 매입, 할인, 교환한 어음 현황

▥ 중점조사 포인트

관계회사 등에 자금융통목적으로 어음을 대여 또는 교환하고 이를 관계회사가 할인하였는지 여부를 확인한다. 또한 기업어음의 매입, 할인 등의 방법으로 자산을 운용하기 위하여 금융기관으로부터 다시 환매할 것을 조건으로 채권을 매입한 경우에는 경제적 실질이 대여이므로 채권 등을 대여금 검토시 포함시켜야 한다.

④ 대손충당금 설정의 적정성

☑ 조사자료 체크

대여금계정장부, 대차대조표, 법인세 과세표준 및 세액신고서 별지 '대손충당금 및 대손금명세서'

▥ 중점조사 포인트

'대손충당금 및 대손금명세서'와 대여금계정 장부상의 채권내역을 검토하여 개별채권들이 세법상 설정대상채권 대상에 해당하는지 여부를 검토한다.

⑤ 미수금의 발생원인 · 거래조건 · 결제기간의 적정여부

☑ 조사자료 체크

거래자와의 인적사항 및 대금 결제 조건합의서 또는 계약서 등

▌▌ 중점조사 포인트

계약서 · 약정서상의 조건 및 합의 내용을 검토하여 미수금 발생원인을 분석하고 미수금 계상 누락여부 및 과대계상여부를 검토한다.

2. 재고자산의 조사

재고자산조사의 의의

재고자산이란 유형의 자산으로서 정상적인 영업활동과정에서 판매를 목적으로 소유하고 있는 자산(예 : 상품, 제품, 반제품)과 판매를 목적으로 생산 중에 있는 자산(예 : 재공품, 반제품) 또는 제품의 생산이나 용역의 제공과정에서 직접적으로 또는 간접적으로 사용된 자산(예 : 원재료, 저장품)을 총칭하여 말한다.

재고자산의 중점조사사항은 다음과 같다.

① 원재료, 제품 등 실물재고와 장부상 수량과 일치여부

☑ 조사자료 체크

원·부재료 수불부, 작업지시서, 공정별·제품별 제조지시서, 저장품대장, 제품수불부

▌▌▌ 중점조사 포인트

창고, 공장, 건설현장 등에 있는 재고자산의 수불부, 원시기록과 장부상의 재고수량을 대사하여 실지재고로 확보된 원시기록에 의하여 실물재고와 대사한다.

② 재고자산의 평가 적정성

☑ 조사자료 체크

재고자산 평가손익 산정의 기초가 되는 근거나 계산과정의 자료

▌▌▌ 중점조사 포인트

재고자산 평가방법이 세법상 인정되는 평가방법에 의하여 평가되고 있는지 여부를 확인한다. 또한 평가근거나 계산과정을 검토하여 평가의 적정성을 확인한다.

③ 외주가공품 등의 계상여부

✔ 조사자료 체크

외주가공의뢰서 및 외주가공비, 지급결의서와 영수증, 외주가공
계약서, 원재료 공급명세서, 생산수율표

▐▐▐ 중점조사 포인트

원재료 공급수량과 제품 납품수량 등을 생산수율표와 대사하여
작업지시서 또는 가공계약서 내용대로 이행되었는지 여부를 검토
한다.

3. 기타 유동자산의 조사

■ 선급금의 조사

선급금은 상품·재료 등의 매입을 위하여 선지급한 금액, 즉
현물의 수령 이전에 지급하는 납입금, 계약금, 예약금 등을 말한다.
중점조사사항은 다음과 같다.

① 선급금 잔액

장부상의 선급금 잔액과 거래처의 선수금 잔액을 상호대사하여
선급금의 누락여부를 확인한다.

② 가공선급금의 유무

선급금 잔액과 관련한 계약서, 품의서, 거래처별원장 등을 상호 대사하여 가공선급금의 유무를 검토한다.

선급비용의 조사

선급비용은 일정한 계약에 따라 계속적으로 역무를 제공받은 경우 아직 제공받지 않은 역무에 대하여 지급한 대가를 말한다. 따라서 선급비용은 다음 사업연도 이후의 손금에 해당되는 것으로 보험료, 임차료 등의 미경과분이 대표적이다.

중점조사사항은 다음과 같다.

① 선급비용에 대한 기간계산의 적정성

조사자료 체크

관련계약서 및 지급결의서

중점조사 포인트

용역대가 중 사업연도 종료일 현재 용역제공기간이 남아 있는 부분에 대하여 선급비용으로 대체 처리하였는지 여부를 확인한다.

② 선급비용의 업무관련 여부와 특수관계자간 부당행위 계산부인 여부

✔ 조사자료 체크

계약서 및 역무제공자의 인적사항 등

▌▌▌ 중점조사 포인트

당사자간에 특수관계가 존재하는 경우 제공받은 용역에 대하여 용역대가의 적정성 여부를 걸토하고, 제공받은 역무의 내용, 제공 장소 등을 검토하여 회사의 업무관련성 여부를 확인한다.

4. 투자자산의 조사

☑ 유가증권의 조사

유가증권은 기업의 여유자금을 증식하기 위하여 투자하는 주식, 회사채, 국·공채, 출자금 등을 말하며 매매를 목적으로 취득한 일시적 소유의 주식, 채권 등 유가증권과 배당수익이나 투자목적으로 장기적으로 보유하는 주식, 채권, 시장성이 없는 주식(비상장 주식) 등 투자유가증권으로 분류한다.

중점조사사항은 다음과 같다.

① 유가증권의 취득, 양도가 장부에 정확히 기록되었는지 여부

증권회사 등에서 입수한 유가증권의 증감내역을 유가증권대장과 대사하고, 보유하고 있는 유가증권의 실물을 재고조사하여 장부상의 재고와 대사한다.

② 유가증권의 평가손익을 계상하였는지 여부

기업회계기준에서는 유가증권을 공정가액법 등으로 평가하여 평가손익을 인식하나 법인세법은 원가법(취득가액법)으로만 평가하여 평가손익을 인정하지 않으므로 법인이 유가증권의 평가손익을 계상하였다면 평가손익을 취소하여야 한다.

③ 시장성 없는 주식의 추득경위와 취득가액의 적정성

거래시세가 없는 비상장법인의 주식을 취득할 때에는 그 취득경위를 확인하여 취득가액이 적정한가 검토한다.

④ 주식에 대한 배당금이 수익계상 되었는지 여부

보유주식에 대한 배당금 유무를 확인하고 수익으로 계상하였는지 검토한다. 배당금의 수령 여부에 관계없이 배당금 지급법인의 배당결의일이 속하는 사업연도의 수익으로 계상하여야 한다.

5. 유형고정자산의 조사

토지의 조사

토지란 일정범위의 지면에 정당한 이익이 있는 범위 내에서 그 상공과 지하를 포함하고(민법 제212조) 구성물은 암석, 토사, 지하수 등으로 되어 있으며 토지의 소유권은 그 구성물 전체에 대해 미친다.

중점조사사항은 다음과 같다.

① 토지 매입가액의 적정성

✔ 조사자료 체크

토지취득에 관한 품의서, 매매계약서, 거래처의 계산서, 청구서 검증기록, 부동산양도·양수명세서

▌▌▌ 중점조사 포인트

토지취득에 관한 서류를 통하여 확인된 취득가액 및 취득부대 비용이 장부상 적정하게 반영되어 있는지를 확인한다.

② 토지·건물의 매입가액이 불분명한 경우 구분계산의 적정성

✔ 조사자료 체크

토지·건물 등기부등본, 건축물 관리대장, 토지대장, 매매계약 서

▌▌▌ 중점조사 포인트

매입가액이 불분명한 경우 세법에서 정한 바에 따라 적정하게 구분계산되었는지를 확인한다. 매입한 부동산의 가액이 토지·건 물별로 구분되어 있는 경우에는 그 가액에 의하고, 구분되어 있 지 않은 경우에는 기준시가에 의하여 안분계산한다.

☑ 건물의 조사

건물의 중점조사사항은 다음과 같다.

① 건물 취득가액 및 부대비용의 적정성

✔ 조사자료 체크

건물매매계약서, 건물매입시 작성한 내부기안서류, 건물취득관련 내부 품의서 등

▮▮▮ 중점조사 포인트

건물취득에 관한 계약서 등을 통하여 확인된 취득가액 및 취득부대비용이 장부상 적정하게 반영되어 있는지를 확인한다. 건물취득일 전후에 지급된 당해 건물과 관련된 수수료, 취득세, 등록세 등을 확인하여 취득부대비용으로 처리한다. 건물을 매입한 후 매입건물을 사용하기 위하여 기 임차인에게 지급한 퇴거비용(소송인 경우 소송비용)도 취득원가에 산입된다. 그러나 취득을 기념하기 위하여 지급한 기념행사비용 등은 취득원가에 산입하지 아니한다.

② 건물 신축시 구 건물이 철거된 경우 구 건물 장부가액 및 철거 비용의 처리방법

✔ 조사자료 체크

고정자산대장의 증감명세서, 건물신축 관련 서류

▌▌▌ 중점조사 포인트

토지를 사용할 목적으로 구건물을 임의 철거하고 건물을 신축하는 경우 구건물 장부가액과 철거비용을 신건물의 취득원가에 산입하였는지 여부를 확인한다.

6. 무형고정자산의 조사

무형고정자산은 유형고정자산이 갖는 물리적 특수성을 가지고 있지 않으면서도 동 자산(권리)을 소유함으로써 기업이 장기간 특수한 효익을 누릴 수 있는 권리를 자산으로 계상한 것이다.

영업권의 조사

영업권이란 무형고정자산의 특수한 형태(사실상의 권리)로서 한 기업이 여러가지 유리한 조건에 의하여 발생한 수익력이 동종 기업의 평균 수익력을 초과하는 경우 그 초과 수익력을 자본화한 현재가치를 말한다. 이는 기업재산과 분리하여 단독으로 이전할

수 없다.

중점조사사항은 다음과 같다.

① **영업권의 실질가치가 있는가 여부**

☑ 조사자료 체크

- 합병회계처리와 관련한 처리내역서·품의서 등

- 합병 전 내부결제서류(품의서) 등 준비서류, 합병 후 분석보고서 등

- 합병계약서 등 합병관련서류, 인허가·사업양수·전세권 취득계약서

▌▌ 중점조사 포인트

- 취득한 영업권의 실제가치가 있는지 검토한다.

- 영업권은 유상으로 취득한 경우에만 인정할 수 있는 것이므로 자가창설영업권을 계상하는 등의 과대평가여부를 검토한다.

- 법인을 합병함에 있어 합병법인이 피합병법인의 사업상 허가, 거래관계, 기술축적, 영업상의 비결 등을 감안하여 영업권 평가방법에 따라 우상으로 취득한 금액은 이를 영업권으로 계상하되 피합병법인으로부터 인수하는 자산의 시가와

장부가액의 평가차액은 세법상 영업권에 해당하지 아니하
므로 회계기준상의 지분풀링설 또는 매수설에 따른 합병차
손이 영업권으로 계상되었는지 검토한다.

② 영업권 양도시 영업권 평가의 적정여부

영업권 평가관계서류, 영업권 취득자의 주민등록등본 등 인적
사항 확인서류, 당초 취득계약서, 대금납입영수증 등을 검토하여
고·저가 양도여부를 확인한다.

7. 부채의 조사

외상매입금의 조사

외상매입금은 기업 본래의 사업목적을 위한 정상적인 영업활동 (상품, 원재료 매입 등)에서 발생한 매입채무의 미지급액으로서 지급어음과 함께 유동부채의 중요항목을 이루고 있으며 외상매출 금과는 상대되는 과목이다.

중점조사사항은 다음과 같다.

① 외상매입금액잔액

☑ 조사자료 체크

구매부서 등 관리부서의 매입처원장, 거래처의 청구서 및 납품서, 송장, 주문서

▧ 중점조사 포인트

- 구매부서 등 관리부서의 매입처원장을 거래처의 청구서 및 납품서, 송장, 주문서 등 원시기록, 세금계산서와 경리부의 총계정원장상의 금액과 대사한다. 정정내용이 있는 경우에는 정정사유를 확인한다. 회사에 내부감사조직이 있는 경우 내부감사보고서의 지적사항 및 문제점, 조치사항 등을 검토한다.

- 외상매입금액의 잔액이 많은 거래처에 대해서는 그 잔액의 발생년월일을 검토하여 장기간 미결제로 남아있는 것은 없는지를 확인한다. 또한 최근에 발생한 외상매입금액은 결재하면서 과거의 것이 미결제로 남아있는 경우 그 원인을 확인한다.

② 매입처원장의 인명계정에 잔액이 (－)인 경우

매입처원장의 인명계정에 차변잔액이 나타나는 경우는 원칙적으로는 외상매입금의 과다지급이거나 매입처에 대한 선급금, 대여금을 외상매입금 지급으로 처리한 경우이거나, 외상매입금 지급 후 에누리나 매입환출이 발생한 경우, 또는 기장오류에 의하여 발생하는 경우이다. 그러나 변태회계처리에 의해서도 발생하므로 (－)잔액의 원인에 대하여 검토한다.

③ 매입할인 및 판매장려금의 누락여부

외상매입금의 지급시에 매입할인이나 판매장려금을 받은 것이 있는지 거래처별로 사전약정유무를 확인하고, 사전약정서 내용대로 기장하였는지를 확인한다.

④ 특수관계자와의 거래가 있는 경우 부당행위 계산부인 여부

같은 품목이나 같은 규격의 구입단가가 다른 거래처의 구입단가보다 높은 경우가 존재하는지 확인한다. 또한 외상매입금 지급이 다른 거래처보다 빠른 경우가 존재하는지를 검토한다.

지급어음의 조사

지급어음은 일반적 상거래에서 발생한 상품 등의 매입대금 또는 외상매입대금을 결제하기 위하여 약속어음의 발행, 환어음의 인수 등 거래처와 신용거래의 결과로 발생한 어음상의 채무를 말한다.

중점조사사항은 다음과 같다.

① 지급어음잔액 및 기장의 적정성

- 지급어음 발행자의 어음발행 번호순으로 발행일자, 어음발행금액, 지급처, 만기일자를 적은 "지급어음명세서"를 작성하여 이에 대한 회계처리내역을 매입처원장, 매입장, 예금통장, 어음의 실물과 대사하여 기장이 정확하게 되었는가를 검토한다.

- 상품, 원재료 등 재고자산과 고정자산의 구입에 따른 어음발행인 경우에는 구입과 관련된 계약서, 품의서, 청구서, 송장, 납품서등 원시기록과 구입한 물품(고정자산인 경우)을 확인하여 실지 여부를 검토한다.

- 발행된 어음이 장부상에 기록되지 않은 경우, 상대 거래처

에 자금을 융통하기 위한 목적이거나 위장매입에 해당하는
지를 확인한다.

② 장기 미결제어음 유무

장기간 미결제중인 지급어음이 있다면 미결제사유를 검토하고
사실상 채무를 면제받았거나 또는 소멸시효 경과 등으로 지급의
무가 소멸되었는지 여부를 확인한다.

③ 어음으로 지급된 기부금의 유무

기부금은 현금지급시점이 손금산입시기이므로 어음으로 지급
된 기부금은 손금산입시기의 적정성을 검토하여야 한다.

8. 차입금의 조사

차입금조사의 의의

차입금이란 민법상의 금전소비대차계약에 의한 기업자금을 차입하는 과정에서 발생한 채무를 말한다. 금융기관으로부터의 차입금이 대부분이며 부채증명에 의하여 잔액의 검토가 가능하고 차입자금에 대한 자금추적도 가능하므로 차입자금의 용도를 규명한 후 실질내용과 비교하여 유용여부를 중점조사한다.

중점조사사항은 다음과 같다.

① 기말잔액에 표시된 차입금의 실제여부 및 지급이자의 계상 적정성

차입금잔액명세서와 금융기관의 대출잔액명세서를 대조하고, 차입금과 관련된 지급이자 및 경비(저당권설정비용, 등기등록세, 인지세 등)를 차입금과 비교하여 차입금의 누락이 있는지 검토한다.

② 특수관계자로부터 자금을 차입하였는지 여부

특수관계자로부터 자금을 차입한 경우 고율·저율로 금전소비대차계약한 것이 있는지 확인한다.

③ 대표이사 개인차입금을 법인차입금으로 계상하였는지 여부

금융기관으로부터의 부채증명서 및 예금계정, 토지·건물 등기부등본에 대한 담보설정 사항 등을 검토하고 차입자금의 사용용도를 확인하여 개인차입금을 법인차입금으로 계상한 것이 없는지 확인한다.

④ 개인명의 차입금에 법인의 자산을 담보로 제공한 사실의 유무

대표이사 등이 차입한 차입금에 법인의 자산을 담보로 제공한 경우 법인이 차입하여 대표이사 등에게 대여한 것으로 간주되므로 담보제공사실의 유무를 검토한다.

9. 자본금의 조사

자본금조사의 의의

자본금은 주주 또는 출자자가 납입하거나 잉여금에서 전입된
자본금을 의미하며 상법상 법정 자본금이라고도 한다.

중점조사사항은 다음과 같다.

① 실질적 자금납입 없는 가공불입 자본금의 유무

조사자료 체크

주금납입증명서(은행확인분), 각 주주의 납입내역서

▐▐▐ 중점조사 포인트

회사설립시 주금납입을 위하여 차입한 자금을 은행에 예치하고 법인설립등기 후 곧바로 인출하여 변제한 경우가 있는지 검토한다.

② 현물 출자한 경우 평가금액의 적정성

☑ 조사자료 체크

현물출자자산평가 관련서류

▐▐▐ 중점조사 포인트

현물출자된 자산의 평가 관련서류를 검토하여 출자가액의 평가가 적정하게 이루어졌는지를 확인한다. 현물출자된 자산의 무수익자산 여부도 검토되어야 한다.

③ 주식이동의 기록여부 및 적정성

주식이동의 기록은 주주 변동시마다 이루어지는지 여부와 주권발행대장 유무를 검토한다.

④ 주식의 장부가액 변동

주식의 분할로 구주식 액면분할 하는 경우에 신주식의 가액은 정당하며, 특수관계자에게 증여된 것이 없는지 여부를 검토한다.

⑤ 잉여금의 처분 적정성

잉여금에서 접대비, 임원상여금, 퇴직금을 지급한 경우 손금으로 인정되지 않으므로 잉여금처분내역을 검토한다. 또한 잉여금 증감사항을 파악하여 대표이사 및 특수관계자에 대한 가불금 등이 잉여금감소사항에 존재하는지 여부를 검토한다.

손익계산서 항목의 조사

Ⅰ. 매출액의 조사

☑ 총매출액의 조사

상품·제품 등의 판매 또는 용역의 제공에 의하여 실현되는 매출은 세무조사에서 가장 중요한 항목이다. 매출액은 좁은 의미로는 제조업, 판매업의 수익금액을 의미하고, 넓은 의미로는 업종에 관계없이 사업수입금액을 의미한다.

☑ 일반매출의 조사

일반매출의 중점조사사항은 다음과 같다.

① 매출귀속시기의 적정여부

☑ 조사자료 체크

다음 사업연도 개시월분 매출명세서, 창고일지, 납품계약서 등

▐▐▐ 중점조사 포인트

당해 사업연도 귀속 매출액을 다음 사업연도에 매출로 계상한 사실이 있는지 여부를 확인한다. 부가가치세법상 거래시기와 법인세법상 수익실현시기는 반드시 일치하는 것이 아니므로 주의하여야 한다.

② 매출누락의 여부

☑ 조사자료 체크

개인별 업무노트, 거래처별 카드, 비망록, 거래처원장, 받을어음기입장, 송장, 창고수불부, 운송일지 등

▐▐▐ 중점조사 포인트

영업부 직원의 비망기록, 거래처원장 등과 매출장을 대조·확인하여 매출누락여부를 확인한다.

③ 현금매출의 누락여부

일반 소비자를 상대로 하는 소매업, 서비스업 등을 전업으로 하거나, 겸업을 하는 법인은 현금매출 누락여부를 꼭 확인하여야 한다.

조사자료 체크

현금일일집계표, 금전출납부, 가수금명세서, 판매기록부, 예금 통장 등

중점조사 포인트

- 현금시재액을 검토하여 장부상 잔액과 차액이 있는 경우 그 원인을 확인하고 매출누락과 관련여부를 검토한다.
- 법인이 직영 특수판매장이나 직매장 등을 설치하고 있는 경 우, 원시판매기록 또는 본사에 보고하는 매출내역 등과 본 사 매출기록를 대조한다.
- 금전등록기 설치사업장인 경우 금전등록영수증 감사테이프 수불을 검토하고 금전등록기별 일일 집계와 장부상의 매출 을 대조한다.

④ 매출단가의 적정여부

☑ 조사자료 체크

거래처별, 품목별, 등급별 매출명세서, 연도별 단가대비표, 월별 단가대비표

▌▌▌ 중점조사 포인트

영업부의 거래처별, 품목별, 등급별, 규격별 매출대장과 회계장부의 대사로 매출단가의 일치여부를 확인한다. 특히 특수관계자와의 거래에서 매출단가의 차이여부, 거래조건(결제조건 등)에 문제점이 없는지를 검토한다.

⑤ 매출환입의 적정여부

☑ 조사자료 체크

세금계산서, 재고자산수불부, 반품관리부, 반품에 대한 대금정산서류

▌▌▌ 중점조사 포인트

반품내용에 대한 관련증빙서류, 반품재고자산 수불사항 및 반품 후의 처리내용, 입출고사실 및 운송수단 등을 확인하여 정당성 여부를 검토한다. 매출환입의 경우에는 수정세금계산서(반품)

를 교부하게 되므로 당초 매출일자, 사유, 대금입금사항 등을 검토한다.

⑥ 매출관련과목분석을 통하여 매출누락 여부

✔ 조사자료 체크

과 목	기 준	참 고 자 료
매출할인	매출액	매출할인 약정서
특별소비세	매출액	특별소비세 신고가
원가	수입금액	도급계약서, 원가계약서
운임	출고량	운임청구서, 배차일지
특허료	매출	특허사용계약서
포장비	생산량	포장재료 수불부
검사비	생산량	제품검사대장
수수료	매출액	수수료계약서, 청구서
재료비	재료 사용량	재료(부재료 포함) 수불부
전기사용료	전기 사용량	월별 전기사용량
연료비	연료 사용량	저장품 수불부
생산설비	제품생산기계 대수	기계명세서, 기계성능설명서

▮▮▮▮ 중점조사 포인트

- 매출액 혹은 매출수량과 비례관계가 있는 계정과목을 분석하여 매출액을 검증하는 방법으로 검토하며 매출액이나 매출수량이 차이가 있으면 그 원인을 규명하고 정당한 사유없이 차이가 발생한 때에는 매출누락여부를 검토한다.

- 재료투입량 대 제품생산량등의 비례관계를 분석함으로써 매출누락여부를 검토한다. 당해 회사제품에 대한 표준수율이나 표준원가 단위당생산량에 관한 자료가 있다면 이를 이용하고, 때로는 원재료 투입량보다 부재료 투입량을 분석·검토하는 방법이 효과적일 수도 있다.

⑦ 부수수익의 누락이 있는지 여부

✔ 조사자료 체크

잡수입명세서, 운송일지, After Service일지, 생산수율표

▥ 중점조사 포인트

- 상품을 구입자에게 배달하고 배달료를 받는 때에는 운송일지를 확인하여 배달료수입을 누락하였는지 여부를 검토하고, 판매 후에 after service에 따른 부품대 등의 판매수입 누락여부를 서비스일지 및 고객관리카드 등을 확인하여 검토한다.
- 제조업의 제조공정에서 발생되는 부산물이나, 화학작용에 의하여 제품이외에 부수로 화학물질이 생성되는 경우가 있다. 제조공정과 제조공정 중 반응하는 화학방정식을 검토하여 부산물의 매출누락여부를 검토한다.

2. 매출원가의 조사

매출원가조사의 의의

매출원가는 매출금액에 대응되는 항목이므로 대응여부를 검토한다. 재고자산의 수불사항 중 특히 출고수량과 매출수량의 일치여부와 차이수량의 파악 및 처리상황을 검토하여야 한다.

중점조사사항은 다음과 같다.

① 매출원가 과다계상여부

✔ 조사자료 체크

- 제품 및 상품수불부, 현장부서(구매과, 자재과 포함)에서 작

성하는 월별, 분기별 재고조사표, 외부회계감사대상 법인인
경우 공인회계사의 재고조사표, 재고자산 평가방법

- 매입품의서, 납품서, 청구서, 검수서, 매입처별원장, 대금지
급수단
- 제품 및 상품수불부, 매입품의서, 매입대금 지급관련증빙서
류

▌▌▌ 중점조사 포인트

- 기말재고자산에 대한 원시기록이나 현장수불부 등의 재고량
과 장부상 재고량을 대사하고, 재고자산을 실지조사하여 장
부에 누락이 있는지 여부를 확인한다.
- 품의서상의 매입단가와 납품서 및 청구서상의 매입단가 및
세금계산서상의 매입단가를 상호비교하여 검토하되, 특히
다음과 같은 매입은 유의하여 검토한다.
  - 품의서상의 단가보다 납품서 및 청구서의 단가가 높은 거래
  - 세금계산서에 단가 기재가 없는 거래이거나 단가를 정정
  표시한 거래
  - 단가 기복이 심한 매입처와의 거래
  - 동종업자의 단가보다 높은 거래
  - 매입처가 특수관계자인 거래

- 제품 및 상품수불부와 세금계산서 및 매입대금 지급관련 증빙서류를 대사하여 매입원가를 이중 계상하였는지 여부를 검토한다.

② 제품 등의 타계정 대체액을 자산으로 자산 또는 비용으로 적정하게 계상하였는지 여부

조사자료 체크

- 타계정으로 대체된 재고자산 품목별 명세서
- 특히 접대비 및 광고선전비로 대체된 경우 관련부서의 품의서

중점조사 포인트

재고자산 수불부상 출고수량과 실지 사용수량 및 매출량과 대사하여 차이가 있는 경우에는 건설용 또는 전시장용·접대용 목적으로 출고되어 자산 또는 비용으로 대체되었는지 검토한다.

③ 매출원가 구성에 매입부대비용은 정확하게 계상되었는지 여부

조사자료 체크

중개수수료, 운임, 잡비 등 매입부대비용 지급관련서류

▮▮▮ 중점조사 포인트

중개수수료, 운임, 잡비 등 비용계정 중 매입부대비용이 있는가를 검토한다. 매입운임의 증빙서류에 의하여 가공매입이나 부외매입이 있는가를 검토한다.

④ 파손비의 과대계상 및 이상여부

☑ 조사자료 체크

제조부서별 파손품 발생현황 및 발생원인, 생산일보, 작업일지 등

▮▮▮ 중점조사 포인트

- 파손비의 발생원인이 정상적인지 비정상적인지 구분하고 정상적인 파손비가 원가에 산입되지 않고 영업외 비용으로 처리된 것이 있는가를 검토한다.

- 비정상적인 파손비는 생산일보 및 작업일지와 대사하여 사실여부를 확인하고 허위일 경우 부외매출여부를 검토한다.

- 파손비를 계상함에 있어 파손품에서 처분이용가능 자재 등을 공제했는지 여부를 확인한다.

⑤ 재고자산의 고가매입여부

✔ 조사자료 체크

매입장, 거래처별 매입원장, 수불부, 기말전표 등

▦ 중점조사 포인트

재고자산의 시가와 장부상 매입가액을 비교하여 고가매입여부를 확인한다.

3. 판매비와 일반관리비의 조사

☑ 급료의 조사

중점조사사항은 다음과 같다.

① 사용인에게 지급된 급료와 사용인의 범위

☑ 조사자료 체크

급료지급대장, 급료지급에 관련한 이사회의사록 및 주주총회회의록, 출근부

▌▌▌ 중점조사 포인트

• 사용인의 범위 : 법인과 근로계약에 의하여 근로를 제공하

고 그 대가를 받는 종업원을 통상적으로 사용인이라 칭하며 세법에선 통상적인 사용인 이외에 출자자가 아닌 임원과 상장법인의 소액주주인 임원까지도 사용인의 범위에 포함된다. 여기서 소액주주란 상장법인의 주주로서 총발행주식수의 100분의 1에 미달하는 주식을 소유한 주주를 말한다.

- 사용인의 급료 및 제수당 : 건설업무 또는 제조업무에 종사함으로써 그 사용인의 급료와 제수당이 고정자산의 원가나 기말재고자산의 원가에 포함되는 것을 제외하고는 모두 법인소득금액 계산상 손금에 산입한다. 따라서 법인의 자금사정으로 인하여 지급할 급료 및 제수당을 지급하지 못한 경우에 이를 미지급비용으로 계상한 경우 손금으로 인정한다. 그러나 이익처분에 의하여 지급한 급료 또는 제수당은 이를 손금에 산입할 수 없다.

② 가공급료를 이용한 비용의 허위계상 여부

✔ 조사자료 체크
임직원 명단, 인사기록카드, 근로소득원천징수부, 출근부 등

▍▍▍ 중점조사 포인트
- 임원급료에 대한 주주총회 의결 내용과 지급시기 등을 검토

한다. 출자임원의 상여금을 급료에 합산하여 지급한 경우 상여금 부분은 법에서 정한 한도내 금액만 손금으로 인정된다. 특히 장기간 미지급된 임원급료는 손익조정을 위한 가공급료로 판단되므로 주의해서 검토해야 한다.

- 해외지사, 사무소, 현지법인의 임원사용인의 명단과 급료지급액을 파악하여 업무, 직책 등을 확인하여 급료지급의 적정여부를 검토한다.

③ 합명 · 합자회사 사원급료 지급 적정여부

✔ 조사자료 체크
급료대장, 출자관계 서류 등

▌▌▌ 중점조사 포인트
급료대장과 출자관계서류 등을 검토하여 노무출자사원에게 지급한 급료가 있는지 여부를 확인한다.

④ 이사 겸 공장장 등의 사용인 급료 처리방법

✔ 조사자료 체크
임원명부, 급료지급대장, 조직표 등

▥ 중점조사 포인트

이사 겸 공장장 등의 사용인 급료 지급내역을 검토하여 일반관리비 항목의 인건비 계정에 계상된 급료가 있는지 확인한다.

⑤ 근로소득 연말정산의 이행여부

✔ 조사자료 체크

근로소득 원천징수부, 근르소득 원천징수영수증, 소득공제신청서 등

▥ 중점조사 포인트

기중 퇴직자, 기중 입사자, 기말 재직자 전체를 대상으로 연간 급료의 총 지급액과 연말정산 내용을 비교검토한다.

⑥ 자가운전보조수당 지급의 정당여부

✔ 조사자료 체크

자가운전보조수당 지급규정, 근로소득원천징수부 등

▥ 중점조사 포인트

상기 서류를 검토하여 당해 법인의 지급규정에 따라 지급한 금액 중 월 20만원을 초과하여 지급하거나 차량이 없는 직원에게 지급한 경우가 있는지 확인한다.

☑ 퇴직금의 조사

퇴직이라 함은 사용자와 사용인간의 근로계약에 의하여 성립된 고용관계가 소멸되는 것으로서 법인세법에서는 퇴직을 "사용인, 임원이 현실적으로 퇴직하는 경우"로 규정하고 있다. 이 때 현실적인 퇴직으로 인하여 사용인에게 지급하는 퇴직금은 손금산입한도액이 없으나, 임원(비출자임원 및 소액주주인 임원 포함)에 대한 퇴직금은 일정한 범위 안에서 손금으로 인정하고 있다.

중점조사사항은 다음과 같다.

① 현실적인 퇴직 해당여부

☑ 조사자료 체크

입사서류, 사직서, 출근부, 법인등기부등본, 주주총회 및 이사회의사록, 인사발령통지서

▓ 중점조사 포인트

퇴직자의 입사서류, 사직서, 법인의 등기부등본, 주주총회 및 이사회의사록을 검토하여 현실적으로 퇴직하지 아니한 사용인 등에게 지급한 퇴직금의 유무를 확인한다.

② 임원의 퇴직금한도액 계산의 적정성

☑ 조사자료 체크

법인등기부등본, 조직기구표, 정관, 주주총회의사록, 퇴직급여 지급규정, 퇴직소득 원천징스 영수증

▌▌▌▌ 중점조사 포인트

- 사용인에 대한 퇴직금은 손금산입 한도액이 없으나, 임원(비출자자인 임원 및 소액주주인 임원 포함)은 법정한도액이 설정되어 있으므로 법인의 등기부등본과 조직기구표 등을 확인하여 임원에 해당하는지 여부를 파악한 후, 한도액 계산의 적정여부를 검토한다.
- 임원 퇴직금 한도액
  - 원칙 : 정관에 정하여진 금액
  - 정관에 규정이 없는 경우 : 1년간 지급한 총급여액×1/10 ×근속연수

③ 퇴직금의 손익귀속시기 적정여부

☑ 조사자료 체크

퇴직금 지급증빙, 인사발령 관계서류

▍▍▍ 중점조사 포인트

법인의 각 사업연도의 손익의 귀속시기는 그 익금과 손금이 확정된 날이 속하는 사업연도이므로, 퇴직금 손금산입시기가 사용인 또는 임원(비출자임원과 소액주주임원을 포함한다)이 현실적으로 퇴직함으로써 지급의무가 확정되는 사업연도의 손금으로 처리가 되었는가를 검토한다.

④ 가공으로 계상된 급료의 퇴직금 지급여부

☑ 조사자료 체크

퇴직금 지급내역, 퇴직금 지급규정, 출근부, 업무분장표, 인사기록카드, 인사발령 관계서류

▍▍▍ 중점조사 포인트

퇴직금 지급규정, 출근부 및 업무분장표 등에 의거하여 가공으로 계상된 퇴직금의 유무를 확인한다.

☑ 감가상각비의 조사

자기소유의 고정자산을 실질적으로 사업에 사용하는 경우 자산의 효용가치가 감소하게 된다. 그 가치 감소분을 각 회계기간에

합리적이고 체계적인 계산방법에 의하여 원가배분하는 회계절차를 감가상각이라 한다.

중점조사사항은 다음과 같다.

① 감가상각방법적용의 적정성

감가상각신고서, 감가상각변경신고서 및 승인서에 기재된 방법에 따라 감가상각이 적정하게 이루어졌는지 검토한다.

② 취득가액계산의 적정성

✔ 조사자료 체크

구매계약서, 고정자산명세표, 감정기관 감정서, 대금결제내용 등

▌▌▌ 중점조사 포인트

- 구매계약서, 감정서, 대금지급내용 등을 검토하여 감가상각 대상자산의 취득가액 계산이 적정한가를 검토한다.
- 매입한 고정자산은 매입당시의 대가(등록세, 취득세 기타 부대비용을 포함), 자가건설·제작 등에 의하여 취득한 고정자산은 원재료비, 노무비 등 기타 부대비용의 합계액을 취

득가액으로 한다.

- 법인이 장기 연불조건 등으로 자산을 취득하고 기업회계기준에 따라 채무를 현재가치로 평가함에 따라 발생한 현재가치할인차금을 취득가액과 구분하여 계상한 경우에는 동 금액을 취득가액으로 인정된다.

- 금융리스에 의한 리스물건에 대해서는 리스실행일 현재의 취득가액 상당액을 임대인으로부터 차입하여 동 리스자산을 구입한 것으로 인정된다.

③ 잔존가액을 초과하여 감가상각된 것은 없는지 여부

☑ 조사자료 체크

감가상각자산명세서 등

▌▌▌ 중점조사 포인트

- 회사가 고정자산의 잔존가액에 대하여 법인세법에서 규정한 바에 따라 처리하였는지 검토한다.

- 고정자산의 잔존가액은 "0"으로 한다. 그러나 유형고정자산 중 정율법의 경우에는 잔존가액이 없으면 상각률을 산정 할 수 없기 때문에 취득가액의 5%를 잔존가액으로 하되 당해 자산에 대한 미상각잔액이 최초로 취득가액의 5% 이하가

되는 사업연도의 상각 범위액에 가산하여 상각한다.

- 감가상각이 완료된 자산의 경우에도 취득가액의 5%와 1,000원 중 적은 금액을 장부가액(비망가액)으로 하고 이 금액에 대하여는 동 자산을 처분하거나 폐기하는 시점에서 손금에 산입할 수 있다.

④ 감가상각범위액 계산의 적정성

☑ 조사자료 체크

고정자산명세서, 감가상각조정명세서, 비상각자산명세서, 잉여금처분계산서 등

▌▌▌ 중점조사 포인트

- 법인이 고정자산의 상각범위액을 법정산식에 따라 계산하였는지 검토한다.
- 사업에 공하고 있지 아니한 자산(건설중인 자산, 보관중인 자산, 부당행위계산에 의한 시가초과액)과 사용 또는 시간의 경과에 따라 가치가 감소되지 않는 자산(토지, 전화가입권, 서화, 골동품)에 대하여 감가상각비 시부인계산을 하였는지 검토한다.

⑤ 내용연수와 상각율 적용의 적정성

☑ 조사자료 체크

취득계약서, 재평가자산 명세, 별표 고정자산 내용연수표 등

▌▌▌ 중점조사 포인트

- 법인에 고정자산의 내용연수와 상각율은 법인세법시행규칙 별표의 자산 종류별 내용연수표와 상각율표에 따라 결정하였는지 검토하고, 동일한 고정자산이 2 이상의 사업에 사용되거나 용도별로 내용연수를 달리할 때에는 사용비율이 큰 사업이나 용도에 해당하는 내용연수를 선택하였는지 검토한다.

- 중고자산을 취득한 경우와 자산재평가를 한 경우 그 자산의 내용연수는 기준내용연수의 50%를 차감한 연수의 범위 내에서 선택하여 적용하였는지 여부를 확인한다.

- 신규취득한 고정자산이 있는 경우, 사업연도 중 취득 후의 월수에 따라 안분계산하였는지 검토한다.

- 합병으로 인하여 취득한 자산에 대하여는 신규취득자산으로 보아 합병법인의 기준내용연수 또는 신고내용연수를 적용하거나 중고자산 등의 수정내용연수를 적용하는 것이므로 이에 대한 처리가 적정한가를 확인한다.

⑥ 상각부인액의 추인계산의 적정성

✔ 조사자료 체크

직전사업연도 감가상각조정명세서, 당기 감가상각조정명세서

▌▌▌ 중점조사 포인트

법인의 상각액을 부인하여 익금에 산입한 금액, 즉 상각부인액은 그 후의 사업연도에 있어서 법인이 계상한 상각액이 상각범위액에 미달하는 금액을 한도로 하여 이를 손금추인한다. 이 경우에 법인의 상각액이 없는 경우에도 상각범위액을 한도로 하여 상각부인액을 손금으로 추인한다.

☑ 접대비의 조사

접대비는 접대비 및 교제비·기밀비·사례비 기타 명목 여하에 불구하고 이에 유사한 성질의 비용으로서 법인이 업무와 관련하여 거래처에게 접대, 향응, 위안 등을 위하여 지출하는 비용을 말한다.

중점조사사항은 다음과 같다.

① 실제 지출함이 없이 가공으로 계상한 접대비의 유무

✔ 조사자료 체크

접대비 지출자별(부서, 직위, 담당업무 등), 지출증빙별(세금계산서, 신용카드, 금전등록기, 간이계산서 등) 명세서

▮▮▮ 중점조사 포인트

접대비 지출자의 담당업무, 경비지출관련 사규 등 제반 상관관계를 종합적으로 고려하여 가공계상 및 업무관련성 유무 여부를 검토한다.

② 출자임원 등의 사적경비를 법인의 접대비 등으로 계상하였는지 여부

✔ 조사자료 체크

고액접대비 명세서(지출자, 요일, 금액, 거래처, 접대장소 등), 현물접대비명세서(종류, 제조, 또는 매출원가, 시가, 거래처 등)

▮▮▮ 중점조사 포인트

출자임원 등 개인의 부담하여야 할 사적 비용을 법인의 손비로 처리하였는지 여부를 예약접수부 등으로 확인하며, 현물접대의 경우에는 반출증, 영수자의 성명 등 지출증빙을 검토하여 업무관련성 유무 및 출자임원 등의 사적 사용여부를 검토한다.

③ 타 비용계정에 계상한 접대비의 시부인계산 누락여부

✔ 조사자료 체크

계정과목 분류내용, 회계방침, 계정과목별 지출에 관한 의사결정과 및 결재수단, 경비지출 관련서류 등

▥ 중점조사 포인트

접대비에 해당하는지의 여부는 거래명칭·계정과목 등과 관계없이 그 실질적 내용에 의하여 판정한다. 따라서 판매장려금(품), 판매촉진비, 광고선전비, 회의비, 매출할인, 대손금, 여비교통비, 복리후생비, 수수료, 잡비 등 손금으로 계상한 비용계정의 내역을 검토하여 지출목적 및 지출상대방 등을 기준으로 법인의 업무와 관련하여 거래처 등에 접대, 향응, 위안 등을 위해 지출한 접대성 비용이 포함되어 있다면 접대비로 보아 시부인계산한다.

거래처에 대한 골프접대, 여행, 음식, 콘도미니엄, 제품제공 등 현물접대의 경우에는(제공한 자산의) 시가를 접대비로 보아 접대비에 합산하여 시부인계산한다.

④ 자산계정에 산입된 접대비해당액을 시부인계산 누락여부

✔ 조사자료 체크

가지급금, 선급비용, 시험연구비, 개발비, 건설가계정, 고정자산, 재고자산 등의 소비성 경비 지출명세서 등

▌▌▌ 중점조사 포인트

- 자산으로 계상된 다음의 접대비해당액은 접대비에 합산하여 시부인계산하여야 한다.
  - 가지급금, 선급비용으로 계상한 접대비 해당액
  - 건설중인 자산 또는 건설이 완료된 자산의 공사원가, 매입한 자산의 취득부대비용 등 자산의 원가에 포함된 접대비 해당액
  - 기타의 자산으로 계상된 접대비해당액
- 상기와 같이 자산계상한 접대비를 포함하여 시부인계산 결과 한도초과액은 손금불산입하여 기타사외유출로 처리한다. 법인이 손금으로 계상한 접대비를 한도로 먼저 손금불산입하며, 나머지 한도초과액이 있는 경우에는 이를 자산계정의 감액으로 처리한다.

이때 자산계정을 감액처리 함에 있어서 접대비 한도초과액이 수개의 자산계정에 계상된 경우에는 그 자산별 감액의 순위는 건설중인 자산 → 고정자산순으로 한다.

☑ 광고선전비의 조사

광고선전비는 현대에 있어서 기업의 판매활성화 뿐만 아니라 경영전반에 필요한 필수행위로 인식되어 있어 점차 확대 및 거액화 되고 있으며 그룹법인의 경우에는 그룹차원의 대규모 전시행사나 그룹광고를 실시하고 있어 일정 기업회계 단위를 초월하여 실행되고 있다.

중점조사사항은 다음과 같다.

① 광고선전비로 인정되는 비용여부

☑ 조사자료 체크

지출품의서, 광고선전비, 지출증빙서, 광고선전물, 광고계약서 등

▌▌▌ 중점조사 포인트

광고선전물 내역 또는 광고선전비 지출차의 인적사항 및 집행내용을 검토하여 세법상 광고선전비 요건을 충족하는지를 확인한다.

② 선급 광고선전비의 유무

☑ 조사자료 체크

광고별 광고계약서, 광고실행물 등

▥ 중점조사 포인트

비용처리한 광고비 중 지출효과가 1년을 초과하여 나타난다고
인정되는 경우에는 미경과분의 유무를 확인한다.

③ 광고선전비 중 고정자산에 해당되는 것의 유무

☑ 조사자료 체크

광고선전물 설치계약서, 광고선전물 및 부속물 구매계약서, 전
시품 설치 목록서 등 전시품 불출기록장, 불출전표 등

▥ 중점조사 포인트

간판, 네온싸인, 마네킹, 인형 등과 같이 유체물 등을 비용계상
한 경우 그 설치장소, 내용연수, 소유권 등을 확인하여 당해기업
의 자산에 해당하는 금액이 있는지를 확인한다.

④ 공동 광고선전비 안분비율의 합리적인 계산여부

☑ 조사자료 체크

광고행사비에 관련한 집행계획서, 그룹 내 각 사별 실행약정서, 구매계약서, 광고선전물 설치공사계약서, 행사인건비 지급서류 등

▥ 중점조사 포인트

공동 광고선전행사비의 회사별, 업체별, 분담비율 등을 세법에서 정한 방법에 따라 안분한 금액 이상으로 불합리하게 계산하여 당해 기업에 부당하게 과다분담시킨 경우가 존재하는지 여부를 검토한다.

⑤ 추첨시 경품을 지급하는 경우 광고선전비 해당여부

☑ 조사자료 체크

추첨물의 지출명세서, 지츨전표, 지출기록부 등

▥ 중점조사 포인트

회사가 추첨 등에 의하여 경품을 지급하고 광고선전비로 손비계상한 경우 그 목적이 광고선전인지 여부를 확인하고 추점이 부정하거나 특정인만의 추점인지 확인한다.

⑥ 소비성서비스업의 광고선전비 한도액 적정성

✔ 조사자료 체크

국내 광고선전비의 여부를 판정할 수 있는 서류로서 광고선전비 지출의 증빙서, 전표, 광고선전물 제작 및 구매계약서 등

▮▮▮ 중점조사 포인트

소비성서비스업을 영위하는 법인이 계상한 수입금액이 기업회계기준에 의하여 계산한 매출액에 해당하는지 여부를 검토하고, 광고선전비 한도액을 계산하기 위하여 적용한 설정률이 세법에서 정한 율(2%)에 맞는지 확인한다.

⑦ 광고선전비 허위 과대계상 여부

✔ 조사자료 체크

광고업계 또는 광고물 판매회사의 발행 세금계산서, 입금증, 광고계약서

▮▮▮ 중점조사 포인트

광고 및 광고물의 시기, 규격, 내용 등과 실제 지급액과의 정당성을 검토하여 특히 간이세금계산서를 수취하였거나 세금계산서 미수취금액이 있는지를 검토하여 허위로 광고비를 과대계상한 것이 있는지 확인한다.

☑ 대손충당금의 조사

대손충당금은 매출채권 등의 금전, 채권 중 추심불능액을 추정하여 이것을 예상손실로 계상하는 것이므로 금전, 채권에 대한 상대적 평가계정의 성질을 가지고 있다.

위와 같은 성질의 대손충당금은 당해 충당금 설정대상 채권의 범위, 설정율의 적정성, 충당금과 상계한 대손금의 적정성 및 그 환입내용 등에 대하여 세심하게 검토할 필요가 있다.

중점조사사항은 다음과 같다.

① 대손충당금 설정 범위액 계산의 적정성

✔ 조사자료 체크

- 세무조정계산서(대손충당금 및 대손금 조정명세서)
- 매출채권 관련장부(외상매출금, 받을어음, 대여금, 미수금 등)
- 대차대조표, 결산정리자료, 기말전표
- 거래처별 계정 잔액표, 거래처 원장, 매출채권 연령조사표 등

▋▋ 중점조사 포인트

- 세무조정계산서상 대손충당금 설정대상 채권이 법에 열거되어 있는 채권인지 여부를 확인 검토하여야 한다.

- 법인의 장부에 일단 계상되었다가 이후 기업회계에 따라 대손처리한 채권 중 세무상 부인되어 유보금액으로 남아 있는 대손금 부인누계액이 대손충당금 설정대상금액에 포함되어 있는지 여부를 확인 검토하여야 한다.

- 매출채권과 관련된 거래처별 계정 잔액표와 매출채권 연령조사표의 금액을 확인하여 계산의 정확성을 검증하여야 한다. 매출전표명세표 금액과 거래처원장 잔액을 대조하고, 대차대조표에 표시된 금액과 총계정원장잔액을 대조하여 전기의 정확성 등을 확인, 대손충당금 적정계산 여부를 검토한다.

② 기중에 발생한 대손금이 대손충당금과 적정하게 상계되었는지 여부

✔ 조사자료 체크

- 대손충당금 및 대손금조정명세서
- 대손충당금과 상계한 대손금명세서 및 계산 근거서류

▌▌▌ 중점조사 포인트

- 대손충당금을 설정한 법인에 대손금이 발생한 경우에는 먼저 대손충당금과 상계한 후 충당금 잔액이 부족한 경우에

이를 손금이 확정된 사업연도의 손금으로 직접 계상하였는지 여부를 검토한다.

- 대손충당금과 상계한 대손금을 개별적으로 검토하여 대손사유의 적정성 여부를 검토한다.
  - 세법상 대손상각요건에 해당되는 채권인지 여부
  - 대손을 입증하는 객관적인 증빙을 갖추었는지 여부
  - 대손금으로 확정된 시기는 적정한지 여부
  - 대손상각한 채권의 소멸시효 적용은 적법한지 여부

③ 대손충당금 환입의 적정성

✔ 조사자료 체크

대손충당금 계정처리내용, 대손상각 계정, 대손충당금 전입액 및 영업외 수익계정 등

▮▮▮ 중점조사 포인트

직전사업연도에 대손에 산입한 대손충당금 중 당해 사업연도에 대손금과 상계하고 남은 잔액은 당해사업연도의 익금에 산입하므로 관련 계정을 검토하여 환입이 적법하게 이루어졌는지를 검토한다.

4. 영업외비용의 조사

지급이자와 할인료

　지급이자라 함은 기업을 유지 또는 성장시키기 위하여 타인으로부터 자금을 조달하게 되는 경우 발생하는 타인자본의 자본비용을 말하며, 할인한 소유어음에 대하여 지급하는 것을 지급할인료라 한다.

　중점조사사항은 다음과 같다.

① 지급이자와 할인료 등의 손금산입 적정여부

☑ 조사자료 체크

차입금관련서류, 받을(할인)어음대장, 미경과(선수)이자 계산명세서

▥ 중점조사 포인트

지급이자는 당사자간의 계약에 의하여 이자지급일로 약정된 날짜에 권리의무가 확정된 것으로 보아 그 지급이자가 발생한 사업연도의 손금에 산입할 수 있다. 선급이자가 손금에 산입되어 있는지를 검토한다.

② 지급이자 손금불산입 의 처리내용 및 적용순서의 적정여부

☑ 조사자료 체크

재무제표, 차입금사용내역, 자산대장, 지급이자관련계정, 유가증권명세서, 채권자 명세서, 출자자명부, 이자율별 차입금 명세서, 부동산 보유명세서 등

▥ 중점조사 포인트

지급이자는 법인의 순자산을 감소시키는 금액이므로 원칙적으로 손금이다. 조세정책상의 목적에 따라 다음의 지급이자를 손금

불산입이자로 규정하고 있는 바 그 순서에 따라 적용하고 있는지
검토한다.

구 분	취 지	소 득 처 분
채권자 불분명 사채이자	사채시장 양성화	대표자상여 (원천징수분 : 기타사외유출)
수령자 불분명 사채이자	금융실명제 보완	
기준초과 차입금이자	재무구조개선	기타사외유출
건설자금이자	자산의 취득부대비용	유보
타법인주식이자	재무구조개선	기타사외유출
업무무관자산 등 이자	부동산 투기억제	기타사외유출

③ 특수관계있는 자로부터 높은 이율로 차입한 차입금 유무

✔ 조사자료 체크

채권자 명세서, 임원·주주 및 출자자명부, 차용계약서, 이자율
별 차입금명세서

▏▎▍ 중점조사 포인트

당초계약보다 고율의 이자를 지급하고 있는지 또는 특수관계있
는 자 등으로부터 고율로 차입한 차입금은 없는지를 검토하고 그
사유를 분석하여 부당행위에 해당되는지 여부를 판단한다.

④ 원천징수대상이 되는 지급이자의 원천징수 및 지급조서제출
이행여부

☑ 조사자료 체크

지급이자 종류별 내용 및 지급이자 명세서

▮▮▮ 중점조사 포인트

원천징수 대상 이자소득에 해당하는 지급이자가 있는 경우에는
원천징수가 적절하게 이행되었는지, 지급조서는 정당하게 작성제
출 되었는지 여부를 검토하여야 한다.

기부금의 조사

기부금은 법인의 사업과 직접 관련없이 무상으로 지출하는 재
산적 증여의 가액이나 특수관계에 없는 자에게 정당한 사유없이
정상가액보다 고가매입 저가양도하여 그 차액 중 실질적으로 증
여한 것으로 인정되는 금액을 말한다.

중점조사사항은 다음과 같다.

① 기부금의 종류별 손금산입금액이 적정한지 여부

☑ 조사자료 체크

이사회 의사록, 기부금 지출내역서 또는 지출결의서, 관련영수증 등

▓ 중점조사 포인트

기부금 종류별로 적정하게 구분기장이 되었는지 여부와 손금산입한도액 계산의 적정성을 검토한다.

② 기부금과 접대비의 계정분류가 적정한지 여부

☑ 조사자료 체크

기부금과 접대비의 지출관련 서류

▓ 중점조사 포인트

기부금은 업무와 관련없이 지출되는 영업외 비용이며 접대비는 업무와 관련하여 지출되는 영업비용으로서 계정처리가 적정하게 이루어졌는지 확인한다.

③ 개인이 부담해야 할 기부금을 법인이 부담한 것이 없는지 여부

조사자료 체크

기부금 지출내역서, 법인 임원의 대외활동 내역 등

중점조사 포인트

사업의 성격, 지출목적, 이사회 의사록 등에 의거 지출처를 확인하고, 확인결과 임원 또는 사용인 등이 지출처와 특수관계가 있어 개인자격으로 부담하여야 할 기부금을 법인이 부담한 사실의 유무를 확인한다.

④ 자산취득을 위하여 지출한 기부금의 유무

조사자료 체크

기부금 지출내역서 또는 지출결의서와 자산취득명세서

중점조사 포인트

기부금의 지출목적이 자산취득과 관련하여 지출된 기부금의 유무를 검토한다.

⑤ 간주기부금으로 보아야 할 비용의 유무

☑ 조사자료 체크

접대비, 복리후생비 등 비용대장, 채권 관련서류

▌▌▌ 중점조사 포인트

지급능력이 있는 거래선에 대하여 업무와 관련없이 채권포기 등을 한 사실의 유무를 확인하여 이를 기부금으로 보아야 한다.

⑥ 기부금을 금전 이외의 자산으로 제공한 경우에 기부금의 가액 계산의 적정성

☑ 조사자료 체크

기부금 지출내역서 또는 지출결의와 기부금으로 제공된 자산취득, 판매관련서류

▌▌▌ 중점조사 포인트

금전 이외의 자산으로 제공한 기부금 가액은 법정기부금은 기부금만 장부가액으로 계산하고, 이외의 기부금은 그 자산을 제공한 때의 시가로 계산하여야 하므로 장부가액으로 기부금을 계산하였는지 검토한다.

⑦ 기부금의 손금귀속 사업연도가 적정한지 여부

☑ 조사자료 체크

기부금 지출내역서 또는 지출결의서

▮▮ 중점조사 포인트

- 기부금은 법인이 실제로 지급한 사업연도에 손금귀속시기로 인정되므로 손금귀속시기가 당해 사업연도에 속하지 아니하는 기부금의 유무를 검토한다.
- 법인이 설립 중에 있는 공익법인 등에 지출한 기부금은 당해 비영리법인이 인가 또는 허가를 받은 날이 속하는 사업연도에 기부금으로 인정된다.
- 기부금의 손금산입 귀속시기
    - 현금 : 지급할 때
    - 어음 : 실제로 대금결재(현금지출)가 이루어진 때
    - 수표 : 발행하여 교부한 때

권리구제제도

I. 권리구제제도의 이해

조세법률관계는 엄격히 법률에 의하여 규율되는 법률관계이며, 조세행정은 그 본질이 국민의 재산권에 대하여 침해적 성격을 띠고 있다. 따라서 세법에 의한 처분으로서 위법 또는 부당한 처분을 받거나 필요한 처분을 받지 못함으로써 권리 또는 이익을 침해당한 경우에는 적법하고 신속하게 권리를 구제 받아야 한다. 이것을 권리구제제도라 한다.

과세전적부심사는 국세처분이 있기 전에 미리 이를 다투어 위법·부당한 국세처분을 미연에 방지하는 사전적 권리구제제도이며, 조세쟁송제도는 일단 국세처분이 있은 후에 그 국세처분의 타당성을 다투는 사후적 권리구제제도에 해당한다.

2. 사전적권리구제제도

☑ 과세전적부 심사청구대상

과세전적부심사는 세무조사결과에 대한 서면통지 또는 지방국세청장·국세청장의 감사결과 과세예고통지를 받은 납세자가 소관 세무서장 또는 지방국세청장에게 청구할 수 있다. 다만 청구의 내용이 법령과 관련하여 국세청장의 유권해석을 변경해야 하거나 새로운 해석이 필요한 경우 국세청장의 훈령·예규·고시 등과 관련하여 새로운 해석이 필요한 것 또는 세무서, 지방국세청에 대한 국세청장의 업무감사결과 과세예고통지를 한 경우에는 국세청장에게 과세전적부심사를 청구할 수 있다. 이 경우 청구서는 국세청에 직접 접수하거나 소관세무서 또는 지방국세청에 접

수할 수 있다.

다만, 다음 중에 해당하는 경우에는 과세전적부심사를 청구할 수 없다.

① 납기전 징수 또는 수시부과의 사유가 있는 경우

② 조세범칙사건을 조사하는 경우

③ 세무조사결과 통지일부터 국세부과제척기간 만료일까지 기간이 3월 이내인 경우

④ 조세조약을 체결한 상대국이 상호합의절차의 개시를 요청한 경우

✅ 과세전적부 심사청구절차

과세전적부심사청구는 세무조사결과통지 또는 감사결과 과세예고통지를 받은 날부터 20일 이내에 청구하여야 하며, 과세전적부심사청구를 받은 세무서장, 지방국세청장 또는 국세청장은 청구 받은 날로부터 30일 이내에 과세전적부심사위원회의 심의를 걸쳐 결정하도록 하고 있다. 결정기간은 훈시규정이고 결정종류는 불채택결정, 채택(일부채택)결정, 심사하지 아니한다는 결정이 있다.

3. 사후적권리구제제도

이의신청

세법상의 위법 및 부당한 처분 또는 부작위로 인하여 권리 및 이익의 침해를 받은 자와 그 이해 관계자는 그 처분이 국세청장이 조사 및 결정 또는 처리하거나 처리하였어야 할 경우를 제외한 그 처분에 대하여 심사청구에 앞서 이의신청을 할 수 있다. 이의신청은 납세자의 선택에 따라 거칠 수 있고 거치지 않을 수도 있는 임의적인 절차이다.

이의신청은 당해 처분이 있은 것을 안 날(처분의 통지를 받은 때에는 통지를 받은 날)부터 90일 이내에 요식을 구비하여 소관 세무서장에게 하거나 당해 세무서장을 거쳐 소관지방국세청장에

게 하여야 한다. 이의신청을 받은 세무서장, 지방국세청장은 신청
받은 날로부터 30일 이내에 이의신청심의위원회의 심의를 거쳐
결정한다.

[국세불복청구 처리절차도]

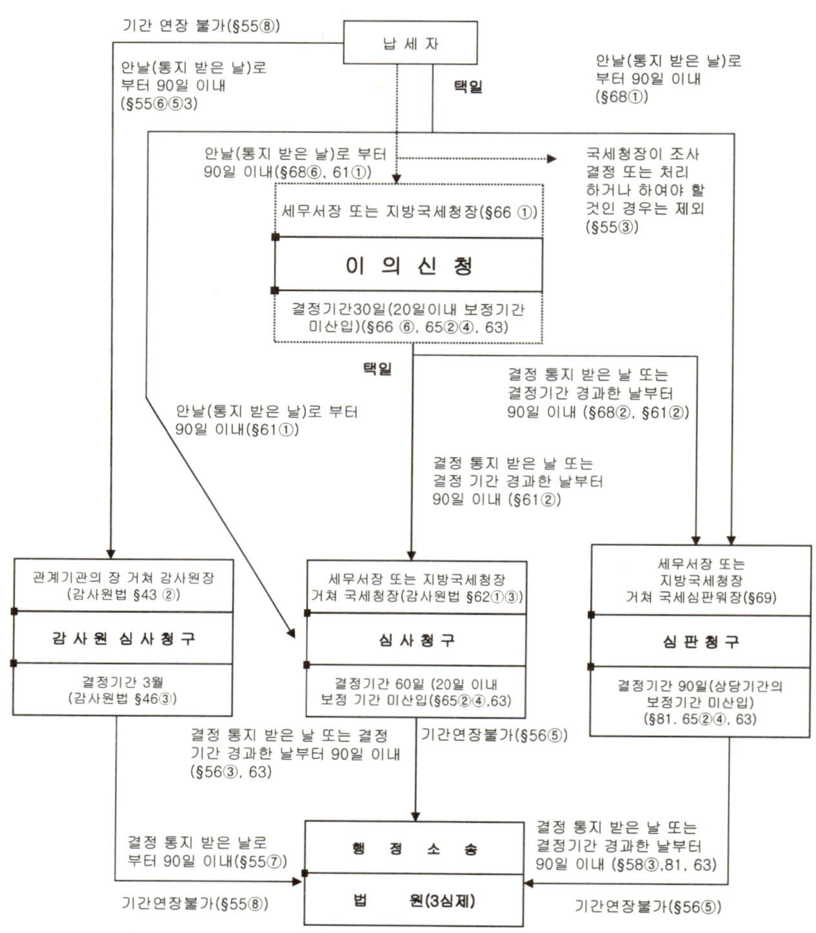

[이의신청업무 처리절차도(세무서분)]

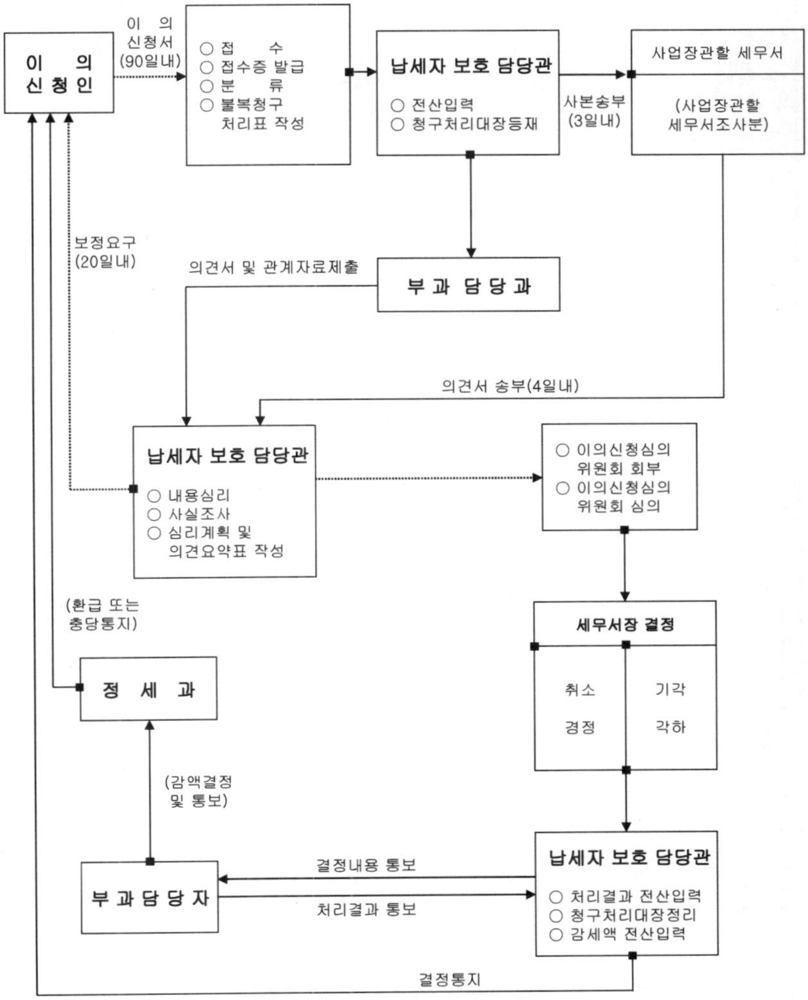

[이의신청업무 처리절차도(지방국세청분)]

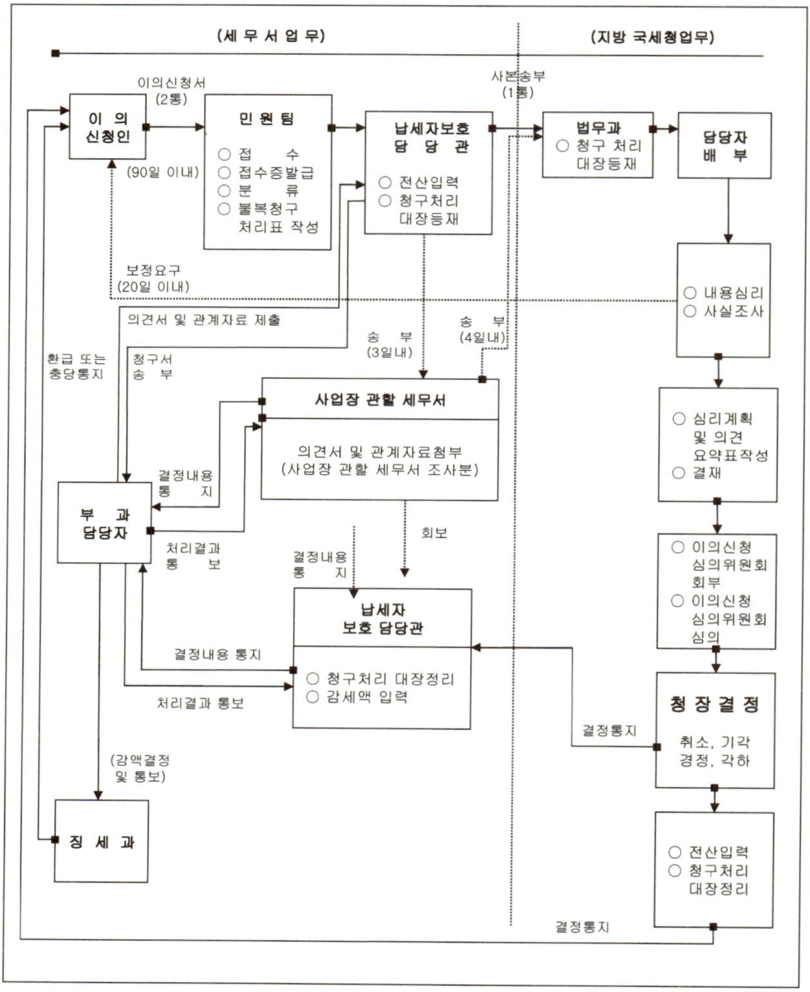

심사청구

세법상의 위법, 부당한 처분 또는 부작위로 인하여 권리, 이익의 침해를 받은 자와 그 이허관계자는 당해 처분이 있은 것을 안 날(처분의 통지를 받은 때에는 그 받은 날)로부터 90일(이의신청을 거친 경우 결정통지를 받은 날로부터 90일) 이내에 국세청장에게 심사청구 할 수 있다. 국세청장은 청구 받은 날로부터 60일 이내에 국세심사위원회의 심의를 거쳐 국세청장이 결정하여야 한다.

심판청구

세법상의 위법, 부당한 처분 또는 부작위로 인하여 권리, 이익의 침해를 받은 자와 그 이해관계자는 당해 처분이 있은 것을 안 날(처분의 통지를 받은 때에는 그 받은 날)로부터 90일(이의신청을 거친 경우 결정통지를 받은 날로부터 90일) 이내에 재정경제부산하 국세심판원에 심판청구 할 수 있다. 국세심판관회의는 청구를 받은 날부터 90일 이내에 심리를 거쳐 결정하여야 한다.

[심사청구업무 처리절차도]

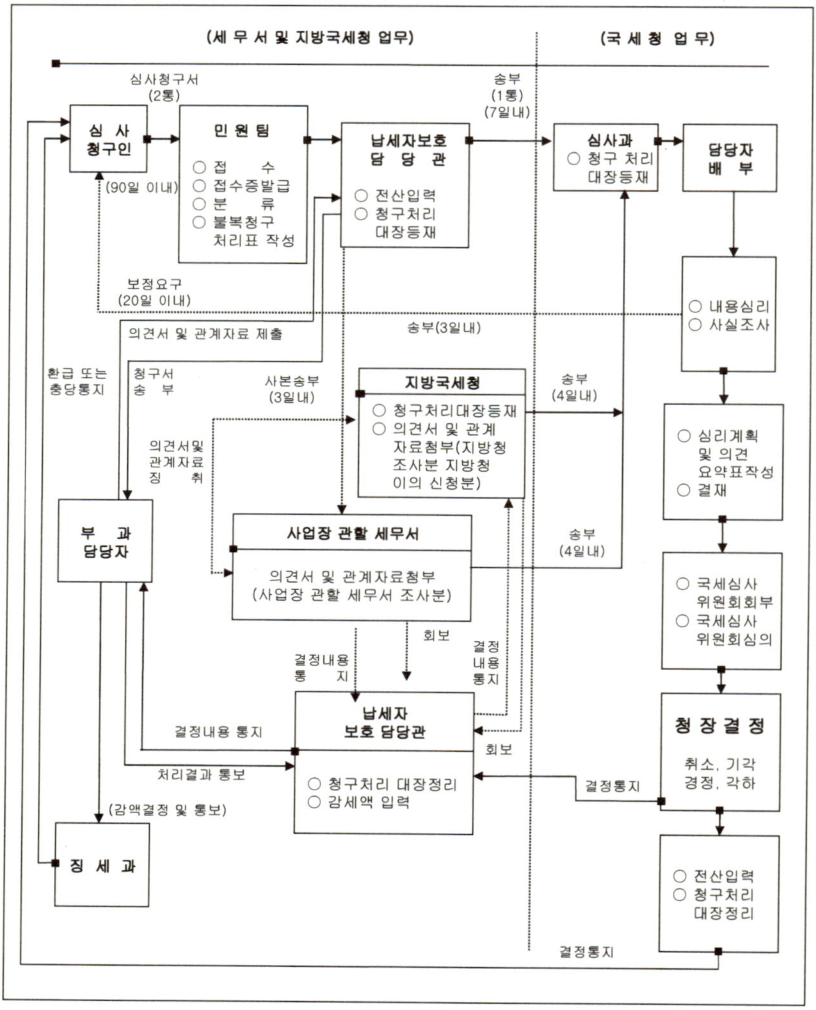

☑ 감사원심사청구

납세자는 감사원법 제32조의 규정에 의하여 위법·부당한 조세(국세 및 지방세)의 부과징수처분에 대하여 감사원에 심사청구 할 수 있다. 감사원 심사청구를 위해서는 처분의 통지를 받은 날로부터 90일 이내에 청구의 취지와 이유를 기재한 청구서 및 증빙서류를 작성하여 처분청에 제출하여야한다.

☑ 국민고충처리위원회의 고충민원신청

[민원신청대상]

민원사무처리에 관한 법률 제2조 및 제14조의 규정에 의하여 민원사항 중 행정기관의 위법, 부당하거나 소극적인 처분(사실행위 및 부작위를 포함한다) 및 불합리한 행정제도로 인하여 국민의 권리를 침해하거나 국민에게 불편, 부담을 주는 사항에 관한 민원에 대하여 국민고충처리위원회에 민원을 제기할 수 있다.

[감사원 심사청구업무 처리절차도]

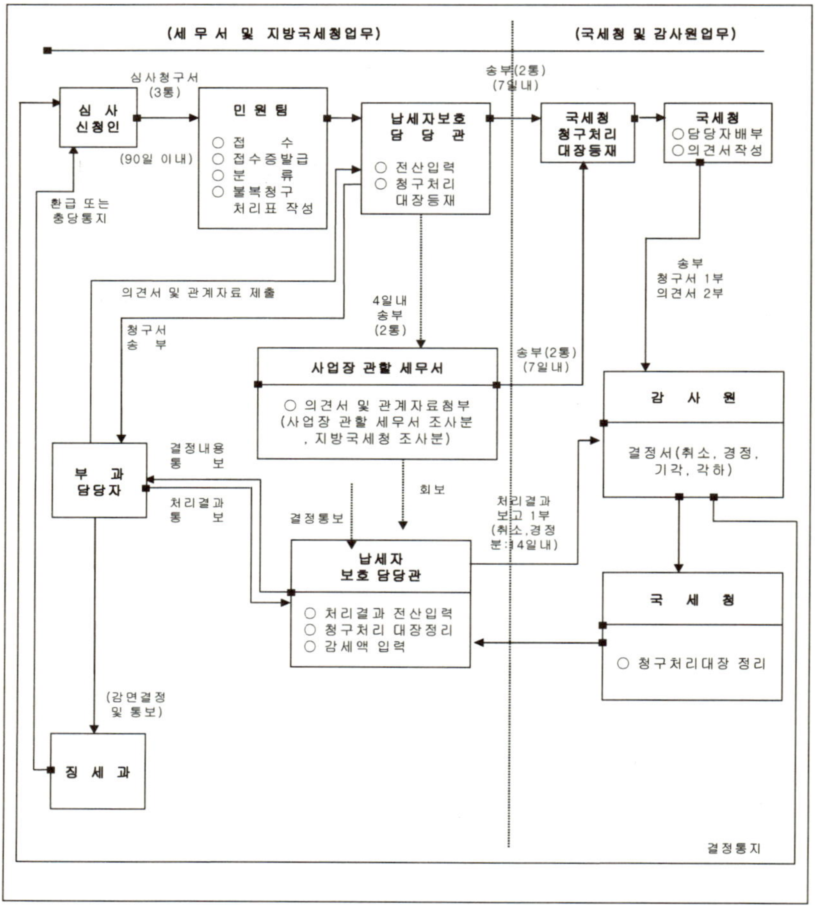

[민원신청제외대상]

(민원사무처리에 관한 법률 제15조 제2항)

① 행정심판, 소송, 헌법재판소의 심판, 헌법소원이나 감사원의
   심사청구, 기타 다른 법률에 의한 불복구제절차가 진행 중
   인 사항

② 법령의 규정에 의하여 화해, 알선, 조정, 중재 등 당사자들
   간의 이해조정을 목적으로 행하는 절차가 진행 중인 사항

③ 판결, 결정, 재결, 화해, 조정, 중재 등에 의하여 확정된 권
   리관계에 관한 사항 또는 감사위원회의에서 의결된 사항

[절차]

(민원사무처리에 관한 법률 제29조, 제30조, 제32조)

국민고충처리위원회는 고충민원신청이 있으면 이를 조사하여
상당한 이유가 있는 때에는 관계 행정기관에 시정조치(강제력이
없음)를 권고하고, 기타제도나 정책에 관한 합리적인 개선을 권고
하거나 의견을 표명할 수 있다. 관계 행정기관의 장은 이에 대하
여 정당한 사유가 있는 경우를 제외하고는 이를 존중해야 하며,
30일 이내에 그 처리결과를 위원회에 통보하여야 한다.

[유효성]

불복청구 제기기간의 경로로 행정심판을 제기할 수 없거나, 소

송을 제기하지 않는 경우에 이용되는 재판 외의 구제 방법이다.

납세자보호담당관을 통한 고충민원신청

[청구대상]

처분내용이 객관적으로 명백하게 위법·부당하여 즉시 시정이 요구되는 사항 등에 대하여 세무서의 납세자보호 담당관에게 고충민원을 제기하여 신속히 구제받는 절차이다. 제기기한은 국세부과의 제척기한이 만료되기 전까지 가능하다. 직권취소 구제 방법의 일종이다.

[유효성]

위법·부당한 처분임이 명백함에도 불복·쟁송기한의 경과로 행정심판 또는 소송의 방법으로 구제 받지 못하는 경우에 유효한 방법이다. 세금의 착오납부, 이중납부, 계산착오로 인한 초과납부, 예규에 반한 처분, 부칙적용의 오류, 명백히 법령해석을 잘못 적용하여 세금을 과다 납부한 경우 과오납 원인이 명백한 경우에는 납세자보호담당관을 통한 고충민원신청이 가장 신속한 구제방법이다.

직권구제(취소)

[의의]

위법, 부당한 처분 또는 부작위로 인하여 권리, 이익을 침해받은 경우에 과세관청 자신이 이를 취소하거나 합당한 처분을 할 것을 과세관청에 청구하여 구제받는 것을 말한다. 세무서의 납세자보호 담당관을 통한 고충민원신청이나 강제력이 없는 권고의 효력만 갖는 국민고충처리위원회의 시정조치도 직권구제 방법의 일종이다.

[법적근거]

국세기본법에는 명문규정이 없으나 재무부 기법 46019-326, 1995.10.12에서 "불복청구기한이 지난 경우에도 과다 납부한 사실이 확인되면 부과제척기한 내에는 경정할 수 있다"고 하고 있고(국세청 납세자보호사무처리규정 제12조는 적극적인 직권시정을 규정하고 있다), 지방세법 제25조의 2는 "지방자치단체의장은 지방세의 부과징수가 위법 또는 부당한 것임을 확인한 때에는 즉시 그 처분을 취소하거나 변경하여야 한다"고 명문의 규정을 두고 있다. 명문이 없더라도 과오납 세금이 확인된 경우에는 헌법상 보장된 재산권 보장과 조세법률주의 원칙의 이념에 의해 당연히 과세관청 스스로 직권시정 조치하여야 한다.

[직권구제절차]

직권구제를 요구하는 서류(환급신청서, 탄원서, 시정요구서 등)를 처분청에 직접 제출하고 부과처분이 명백히 잘못되었음을 상세히 기술하고 입증서류를 제출하여야 한다.

[유효성]

직권구제는 위법·부당한 처분임이 명백함에도 불복·쟁송기한의 경과로 행정심판 또는 소송의 방법으로 구제 받지 못하는 경우에 유효한 방법이다. 세금 착오 납부, 이중납부, 계산착오로 인한 초과납부, 예규에 반하는 처분, 부칙적용의 오류, 명백히 법령해석을 잘못 적용하여 세금을 과다 납부한 경우 등 과오납 원인이 명백한 경우에는 직권구제방법이 가장 신속한 방법이다.

권리구제절차의 비교

권리구제절차 비교

구분	과세적부심	이의신청	심사청구	심판청구
청구 대상	• 세무조사결과 통지 • 감사결과 과세예고 통지를 받은 경우	• 부당하다고 생각되는 납세고지서 및 부당한 처분을 받은 경우 • 필요한 처분을 받지 못한 경우	• 이의 신청 대상과 같음	• 이의 신청 대상과 같음
제출서	• 세무조사 : 세무서장 또는 지방국세청장 • 감사결과 : 지방국세 청장 또는 지방국세청장 • 다만 법령 해석사항 :국세청장	• 납세고지서등을 통지한 세무서장 또는 지방국세청장	• 납세고지서등을 통지한 세무서장을 통하여 국세 청장에게 제출	• 국세심판원장
청구 기간	• 각각의 통지를 받은 날로부터 20일 이내「과세 전 적부심사 청구서」제출	• 납세고지서등을 받은 날로부터 90일 이내 제출	• 납세고지서등을 받은 날 또는 이의신청 결정서를 받은 날로부터 90일내	• 심사청구와 같음
심의 (결정) 기간	• 과세 전 적부심사위원회	• 이의신청심의위원회	• 국세심사위원회	• 국세심판관합동회의⇒결정

구분	과세적부심	이의신청	심사청구	심판청구
결정 기간	• 청구일로부터 30일 내	• 신청일로부터 30일 내	• 심사청구를 한 날로부터 90일 내	• 심판청구를 한 날로부터 90일 내
결정 방법	• 채택 : 청구가 이유 있는 경우 • 불채택 : 청구가 이유가 없는 경우 • 심사제외 : 청구기간 경과 보정 기간 내 보정 서류 미제출	• 기각 : 이의신청이 이유가 없다고 인정되는 때 • 취소 : 이유가 있다고 인정되는 때 • 각하 : 처분의 부존재, 당사자 부적격, 대리권 없음	• 이의신청과 같음	• 이의신청과 같음
기타	• 보정서류 미제출, 불 채택 결정된 경우 납세고지서를 받은 날(처분이 있는 것을 안 날 또는 처분의 통지를 받은 날)로부터 90일 이내 이의신청, 심사청구, 심판청구 등 불복 청구 가능	• 결정 기간이 결과한 날 또는 결정서를 받은 후 그날부터 90일내 제기가능	• 결정서를 받은 날부터 90일 이내에 행정법원에 행정 소송 제기	• 심사청구와 같음

참 고 문 헌

1. 이동희. 세무조사의 실전전략. 한국세무경영사. 2000

2. 박충규. 세무조사와 대책. 갑진출판사. 2003

3. 허순강. 분식회계와 세무조사. 영화조세통람. 2005

4. 한국세무사회. 기업회계기준과 세법실무. 2004

5. 국세공무원교육원. 법인세조사실무. 2000

6. 국세공무원교육원. 기타조사실무. 2000

7. 국세공무원교육원. 주식변동조사실무. 2000

8. 한국세무사회. 조세불복실무. 2005

8. 최경수. 기업회계기준해설. 2003

9. 국세심판원. 세법개요 및 국세심판·판례해설. 2004

♣ 박영진

국민대학교 상학과 졸업
경희대학교 경영행정대학원 졸업
서울지방국세청소속 세무서 법인세과 근무
서울지방국세청 조사국·특별조사관실·정보관리과 근무
대전지방국세청 재산세과장
강릉세무서 간세과장
송파세무서 법인세과장
춘천세무서장
서울지방국세청 조사국 조사과장
국세청 조사국 조사과장·심사과장
역삼세무서장

(현) 경희대학교 경영대학원 세무관리학과
　　 겸임교수
(현) 한국재정경제연구소 전문위원
(현) 비전세무회계 대표세무사

세무조사대비 체크포인트

제1판 1쇄 발행	• 2005년 9월 15일
제1판 3쇄 발행	• 2008년 6월 10일
저　　　　자	• 박영진
발　행　인	• 강석원
발　행　처	• **한국재정경제연구소**
등　록　번　호	• 제2-584호(1988.6.1)
주　　　　소	• 서울특별시 강남구 대치동 889-5
전　　　　화	• (02) 562-4355
팩　　　　스	• (02) 552-2210
e-mail	• info@kofe.or.kr
홈　페　이　지	• www.kofe.or.kr

ISBN 978-89-85808-83-5 (13320)　　값 13,000원